(conserver la Couverture)

Le Chansonnier du Vin de CHAMPAGNE

en 1890.

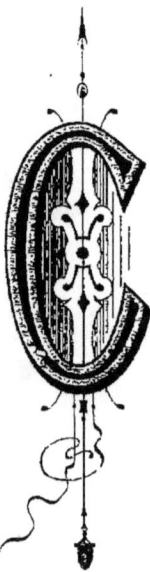

CHALONS-SUR-MARNE

IMPRIMERIE MARTIN FRÈRES, PLACE DE LA RÉPUBLIQUE, 50.

1890

LE

CHANSONNIER DU VIN DE CHAMPAGNE

À Madame la Comtesse

et à Monsieur le Comte ALFRED WERLÉ

ce Livre est respectueusement dédié.

A. B.

LE

CHANSONNIER

DU

VIN DE CHAMPAGNE

EN 1890

CHALONS-SUR-MARNE

IMPRIMERIE MARTIN FRÈRES, PLACE DE LA RÉPUBLIQUE, 50

—

1890

AVANT-PROPOS

C'est un monument que j'ai entendu élever à ma Champagne aimée.

J'espère y avoir réussi.

Le plus beau fleuron de sa couronne, n'est-il pas son vin mousseux ?

Voici ce qui m'a conduit à proposer comme sujet du concours ouvert, cette année, par l'Académie Champenoise : *la Chanson sur le Vin de Champagne.*

Le jury a été unanime pour reconnaître une grande valeur à la plupart des pièces récompensées.

Ce me fut un encouragement pour donner suite à mon projet de publier : Le Chansonnier du Vin de Champagne en 1890.

Quels remerciements ne dois-je pas aux notabilités littéraires et artistiques qui ont bien voulu contribuer à la gloire de ce volume, en me donnant leur opinion sur le Vin de Champagne !

Certes, nos Lauréats peuvent se dire fiers, car, grâce à ces noms, ils vont voir défiler leurs chansons sous un véritable arc-de-triomphe.

Je veux que dans cent ans, s'il reste encore des exemplaires de cet ouvrage, on se les arrache au poids de l'or.

Mais il en restera, tout chacun le voulant garder précieusement. Quelque aïeul, un jour, tiendra à le léguer à son petit-fils comme souvenir ayant bien son goût de terroir.

En un mot, Lecteurs, lire ce volume équivaudra à posséder la bouteille inépuisable de Robert-Houdin ; ce sera croire boire toujours et sans cesse à la coupe enchantée.

Grâce à lui, votre esprit sera toujours dans le bleu ; vous n'aurez toujours devant les yeux que des horizons ambrés ou roses.

Amener à voir tout en rose, c'est se rendre un bienfaiteur de l'humanité.

J'ai donc bien fait de publier ce livre.

ARMAND BOURGEOIS.

PRÉFACE

A Monsieur Armand BOURGEOIS.

MON CHER PRÉSIDENT,

Vous me demandez une préface pour votre Chansonnier du Vin de Champagne. C'est un honneur dont je suis confus et dont je me crois peu digne. En effet, je ne suis ni un gourmet comme Brillat-Savarin, ni un gourmand comme Monselet, ni un cuisinier comme Dumas père, ni un raffiné de la table comme Aurélien Scholl, ni un ivrogne comme Romieu, ni même un de ces « buveurs très illustres et très précieux » auxquels fait allusion Maître François.

J'adore le Champagne ; c'est le seul titre qui me désigne à votre attention, et ce titre m'est commun avec 36 millions de Français. Mais puisqu'enfin vous désirez que je parle du vin que vous célébrez, je m'exécute ; je débouche une bouteille à casque d'or, je la pose avec respect au coin de ma table, je m'en verse une rasade, je contemple la liqueur blonde où s'épanouissent des rayons, et je te prie, ô Bacchus, de vouloir bien m'inspirer.

Que vous dirai-je du vin de Champagne, que vous ne sachiez déjà ? Vous conterai-je son histoire ? Exalterai-je ses vertus ? Chanterai-je la gloire de dom Perignon, son immortel inventeur ? Vos poëtes se sont acquittés de ce devoir avec infiniment d'esprit et de grâce, et je me garderai bien de répéter en prose ce que leurs vers ont si élégamment exprimé. Aujourd'hui, d'ailleurs (ceci n'est point pour rabaisser leur mérite), le Champagne n'a plus besoin d'être défendu. Nous ne sommes plus au temps où les Bourguignons et les Bordelais lui livraient de furieuses batailles, où Bénigne Grenan, l'avocat du vin de Bourgogne, osait imprimer cette strophe injurieuse :

Vante, Champagne ambitieuse,
L'odeur et l'éclat de ton vin
Dont la sève pernicieuse,
Dans ce brillant cache un venin.
Tu dois toute ta gloire, en France,
A cette agréable apparence
Qui nous attire et nous séduit.
Qu'à Beaune, ta liqueur soumise
Dans les repas ne soit admise
Que sagement avec le fruit.

*C'étaient-là des blasphêmes fort impertinents et qui méritaient
une réponse. Elle ne se fit pas attendre, et Charles Collin, un
Champenois de la vieille roche, célébra en rimes aimables, le
nectar de son pays :*

Si tôt que, sur de riches tables,
De ce nectar avec le fruit,
On sert les coupes délectables,
De joie, il s'élève un doux bruit.
On voit, même sur le visage,
Du plus sévère et du plus sage,
Un air joyeux et plus serein,
On rit, l'entretien se réveille.
Il n'est point de liqueur pareille
A cet élixir souverain.

*A l'heure présente, ces luttes mémorables sont finies. Le
Champagne règne en souverain légitime et incontesté ; il étend
sa domination sur tous les villages du pays de France ; on
l'estime, on le vénère, on l'aime partout, il va porter dans les
coins les plus reculés du globe quelques rayons de notre soleil ;
il réchauffe la Russie, il réjouit l'Allemagne, illumine l'Angleterre
et dissipe ses brouillards ; il pétille en Amérique comme il
pétille chez nous et entretient peut-être chez les Yankees cet
esprit d'entreprise, cette folle audace, qui font de ce nouveau
peuple, le peuple le plus hardi de l'humanité.*

*Lorsque je dis que la prééminence du Champagne n'est plus
contestée, je m'avance trop. Quelquefois une discussion surgit, où
ses mérites sont mis en cause, et comparés à ceux des grands*

vins de France, ses rivaux. J'ai eu l'occasion, il y a quelques
années, d'assister à un tournoi de ce genre.

   C'était chez un grand financier de Paris, homme d'esprit,
poëte à ses heures, gastronome distingué et intrépide buveur. Il
avait réuni à sa table les possesseurs de nos premiers crûs ; le
Château-Yquem, le Château-Margaux, le Corton, le Chambertin,
le Romanée, étaient représentés à ce repas par leurs fastueux
propriétaires. Chacun d'eux avait apporté deux ou trois flacons
poudreux, gardés en réserve depuis longtemps pour cette
circonstance solennelle. Quant à l'amphitryon, il s'était déclaré
le champion du vin de Champagne ; il avait à côté de lui,
délicatement posées sur un lit de glace, dans un large bassin
d'argent ciselé, quelques bouteilles exquises, chefs-d'œuvre de
Clicquot, de Roederer et de Mumm...

   La chère fut parfaite, comme vous pensez ; le cuisinier s'était
surpassé ; les potages étaient succulents, les coulis irréprochables,
les viandes divinement cuites et les fruits délicieux. L'appétit
des convives étant satisfait, leur langue se délia ; on causa de
bien des choses, du dernier krach de la Bourse, du dernier
roman de Zola, de la dernière pièce de Dumas, de la dernière
pantomime de l'Hippodrome, des débuts de Mlle Y...... aux
Menus-Plaisirs, du scandale causé à l'Opéra par les cascades
de la petite Z...., une gourgandine de la pire espèce, que son
protecteur avait lâchée ; on parla aussi de M. de Bismarck, on
flétrit son dernier discours prononcé au Reichstag, on fit l'éloge
de la Russie, on s'indigna contre l'égoïsme de la « perfide Albion » ;
on railla les principes d'économie du président de la République
(qui était alors M. Grévy), on s'égara une minute sur les

plates-bandes des traités de commerce, on frôla le redoutable
problème du libre-échange, et, ces divers sujets épuisés, la
conversation tomba sur les vins. Chaque assistant fut interrogé
par le maître de céans.

— Quel crû préférez-vous, leur demanda-t-il ?

La réponse n'était pas douteuse : lorsqu'on donne la parole à
M. Josse, il fait l'éloge de l'orfévrerie ; les propriétaires sont
un peu comme les collectionneurs, ils se jalousent les uns les
autres. Les deux Bordelais, donc, portèrent aux nues l'Yquem et
le Margaux, les Bourguignons présents répliquèrent par une apo-
logie enthousiaste du Corton et du Chambertin... Mais chacun
d'eux, après avoir affirmé la prééminence de son propre vin,
ne manqua pas d'ajouter :

— Si mon crû est le meilleur, le second rang appartient
assurément au vin de Champagne.

L'amphitryon écoutait en souriant leurs discours. Quand ils
eurent terminé :

— Avouez, Messieurs, leur dit-il, qu'un vin qui, de l'avis
de tout le monde, occupe la seconde place, est tout-à-fait digne
de la première !...

Il avait raison. Oui, le Champagne est le vin français par
excellence. Ce vin nous ressemble, il est fait à notre image;
il mousse comme notre esprit; il est piquant comme notre
langue, il bavarde, il babille, il pétille, il est dévoré d'un éternel
besoin d'activité et de mouvement; il se répand, il s'échappe, il
jette son bouchon par-dessus les moulins, comme nos grisettes y
lancent leur bonnet, sans penser à mal, et pour s'amuser.

La France se retrouve dans le Champagne, comme l'Allemagne

dans la bière, comme la Russie dans le VODKA, cette eau-de-vie, calme en apparence, mais dont le flot limpide cache de redoutables ardeurs. Aussi avons-nous toutes les raisons du monde d'être fiers de ce breuvage et de l'aimer.

Vous dirai-je mon inquiétude ? Nous ne l'aimons pas assez. Depuis vingt ans il me semble que notre caractère s'assombrit, que les générations qui viennent sont mélancoliques; qu'une invincible tristesse pèse sur elles. Les jeunes gens sont préoccupés, ils marchent dans la vie, non plus une chanson aux lèvres, mais un pli au front; ils paraissent dévorés d'une âpre ambition et se jettent tête baissée dans la mêlée sociale en proférant des menaces. Toutes les vertus qui furent l'éclat et l'honneur de notre race, s'affaiblissent : la générosité, la fierté, la charité souriante, la gaîté, le désintéressement et l'esprit chevaleresque font place au pessimisme, à la haine, à la jalousie, à l'implacable soif des richesses. D'où peut venir ce changement d'humeur, cette bise qui dessèche l'âme de nos jeunes frères et de nos fils? Est-ce la plaie mal fermée de nos désastres, qui saigne encore au fond de nos cœurs, est-ce la difficulté croissante des moyens de vivre, l'encombrement des carrières, l'affluence des combattants et l'acuité de la lutte? Je ne sais, mais toujours est-il que ces maux existent; et si j'étais tout puissant, je m'efforcerais de les guérir. Si je tenais dans mes mains le budget de ce pays, avec le droit d'en disposer à ma guise, je voudrais y ramener la belle humeur, la joie, la santé. Je ferais couler à longs flots le Champagne d'un bout à l'autre de nos provinces ; j'exigerais que le dimanche, une fois leur tâche finie, les ouvriers, les déshérités, les pauvres gens bussent à pleines coupes la liqueur d'or ; je voudrais qu'elle fût versée aux enfants de nos collèges, aux apprentis de nos ateliers, aux petites filles de nos fermes. Et je suis sûr qu'après quelques années de ce régime, on verrait refleurir et reverdir, et s'épanouir au soleil de France les saines et vaillantes qualités de nos aïeux !...

Voilà, mon cher Président, la solution que je propose : Elle en vaut une autre. Je crois que vos compatriotes d'Epernay et de Reims la trouveraient de leur goût, mais j'ai grand peur que le très prudent ministre de nos finances n'en ajourne, de quelque temps encore, l'application.

ADOLPHE BRISSON.

CHANSONNIER DU VIN DE CHAMPAGNE

CHANSON SUR LE VIN DE CHAMPAGNE

PRIX D'HONNEUR : Médaille de Vermeil très grand module
offerte par Mme la comtesse Werlé.

> De ce vin frais l'écume pétillante
> De nos Français est l'image brillante.
>
> (VOLTAIRE.)

I.

Nectar des Dieux, ô vin Français
Qui réveilles dans nos mémoires
Tout un passé plein de succès :
Vieilles amours et vieilles gloires ;
Toi que jalouse l'étranger
Et qui jettes des étincelles
Dans la strophe de Béranger,
A ma chanson donne des ailes !

REFRAIN :

Français, nous en aurons toujours
De ce vin d'or qui divinise ;
Buvons à la France, aux amours :
A toi, Lisette, à vous, Marquise !

II.

Sous les oliviers de Tibur,
Sa main dans celle de Lydie,
Les yeux égarés dans l'azur,
L'âme pleine de mélodie,
Flaccus faisait des vers divins :
Il les eût faits, dans un doux rêve,
Encor meilleurs, ô vin des vins,
S'il eût connu ta chaude sève.

(Refrain.)

III.

Toi qui rendais folle Manon (1)
Et qui faisais tourner la tête
A la pauvre Mimi-Pinson,
Cette cousine de Musette ;
Vin des poètes, des amants,
De tous nos grands anniversaires,
Vin que n'ont pas les Allemands,
Vive la France, emplis nos verres !

(Refrain.)

IV.

Tu réjouis tout le caveau,
Sur nos douleurs tu mets des voiles ;
Dans la nuit de notre cerveau
Tu fais rayonner des étoiles ;
Tu modules les virelais,
Soupires les épithalames
Et fais siffler les triolets :
Toi tu chantes toutes les gammes.

(Refrain.)

(1) Manon Lescaut.

V.

Vin de la Revanche et des preux
Dont l'âme est pleine de furie,
Allumant du feu dans les yeux
Des défenseurs de la patrie ;
Toi qui pénètres jusqu'aux os,
— Quand ferons-nous, frémissants d'aise,
Le baptême de nos drapeaux,
Aux accents de la Marseillaise ?

(*Refrain.*)

VI.

O messager de la gaieté
Sur les rives les plus lointaines
Toi qui prêches la liberté,
Après avoir brisé tes chaînes,
Dans un accord sublime et doux
Tu rapproches les peuples frères
Et tu n'écumes de courroux,
O vin Gaulois, qu'à nos frontières !

(*Refrain.*)

VII.

Liqueur plus blonde que le miel,
Tu brilles comme la topaze ;
Tu mets dans l'âme un arc-en-ciel,
Liqueur à la robe de gaze ;
Valse folle des bulles d'or
Tu ravives ma vieille haine :
A la France je bois encor,
Puis à l'Alsace, à la Lorraine !

(*Refrain.*)

VIII.

Mes chers amis, bardes aimés,
Quand sonnera mon agonie ;
Lorsque mes yeux demi fermés
Se voileront d'ombre infinie :
Du vin d'Ay, du vin de feu,
Humectez ma lèvre mourante,
Si vous voulez qu'au sein de Dieu
Mon âme rentre triomphante.

(*Refrain.*)

Dᵣ Amable DUBRAC.

LE SIRE DE CHAMPAGNE

CHANSON

Jamais noble et puissant baron,
Portant girouette à son donjon,
Du roi-soleil à Charlemagne
N'eut plus bel air ni meilleur ton
Sous son armure de campagne
Que le doux sire de Champagne !

Son heaume éblouissant jette un fauve rayon.
L'écu sur sa poitrine étale son blason.

Maître du plus beau fief de France,
Il est chéri de ses vassaux ;
Et même il étend sa puissance
Sur tous ses voisins féodaux,
Qui viennent, quoique un peu rivaux,
D'amour lui payer redevance.

Son heaume... etc.

Un seul voulut porter ombrage
A l'orgueil du gentil baron :
C'est son cousin le Bourguignon,
Souverain d'un riche apanage,
Mais qui, vaincu par lui, dit-on,
Fut forcé de lui rendre hommage.

Son heaume... etc.

Cependant, malgré sa victoire,
Champagne, modeste et courtois,
Lui cède le pas chaque fois
Qu'en l'un ou l'autre territoire
Il le rencontre en ces tournois
Que n'enregistre pas l'histoire.

Son heaume... etc.

C'est que toujours à sa vaillance
Est réservé le dernier coup ;
Et que lutteurs, encor debout,
Devant sa flamboyante lance,
Perdant leur aplomb tout à coup,
Ne sentent que leur impuissance.

Son heaume... etc.

Nul ne sut avec plus de grâce
Sur la poussière d'un champ clos
Coucher le courage et l'audace
Des champions, toujours nouveaux,
Qui, s'offrant sans cesse au héros,
Battent en brèche sa cuirasse.

Son heaume... etc.

Constamment armé pour la guerre,
On lui croirait maints ennemis.
Il n'en compte que deux sur terre :
La *Tristesse* et les *Noirs Soucis*,
Qui se montrent gais et soumis
Dès qu'il soulève sa visière.

Son heaume... etc.

Car sous sa scintillante armure
Il a la grâce et l'abandon ;
Et quoique blond comme Apollon,
Chose étrange ! sa chevelure,
Quand il quitte son chaperon,
De la neige a la blancheur pure.

Son heaume... etc.

En le voyant sans casque on pense
A ce siècle de falbalas,
A ces marquis de la Régence
Avec leur perruque à frimas,
Leur habit de riche damas
Et leur jabot plein d'élégance.

Son heaume... etc.

Aussi de conquête en conquête
Marche-t-il en triomphateur.
Aucun obstacle ne l'arrête
Ni ne voile sa bonne humeur,
Qui surtout du sexe enchanteur
Fait promptement tourner la tête.

Son heaume... etc.

Voilà pourquoi de par le monde
Il est aimé, choyé de tous.
Les plus sages et les plus fous,
Jeunes ou vieux, vont à la ronde
Se prosterner à ses genoux
Et s'enivrer de sa faconde.

Son heaume... etc.

Vive donc à jamais Champagne !
Gloire à l'aimable séducteur !
Auprès de qui don Juan d'Espagne
N'était qu'un bien piètre enjoleur ;
Car sa grâce touche le cœur
Sans qu'aucun remords l'accompagne.

Son heaume éblouissant jette un fauve rayon.
L'écu sur sa poitrine étale son blason.

                    Pierre PERNOT.

LA CHANSON DU CHAMPAGNE

DEUXIÈME PRIX : Médaille de Vermeil offerte par M. Mercier.

Le vin rouge, ardente rosée,
Nous a fait l'âme plus osée.
Après les noires venaisons,
Le regard palpite et flamboie,
Mais la tablée où court la joie
Va trouver d'autres horizons :
— Le Champagne nous illumine,
Et, dans le cristal enchanté,
Aussi fin qu'une mousseline,
Les bulles d'argent ont monté !

Au tintement léger des coupes
L'essaim tumultueux des groupes
Fraternise en un même essor !
Le cœur des femmes se devine !
Dans une minute divine
On a retrouvé l'âge d'or !
— Et l'esprit jaillit en fusées
Des cœurs soudainement ouverts,
Et la fougue de nos pensées
Croit au bonheur de l'Univers !

Bouchons à la tête meurtrie,
Partez ! votre mousqueterie
Donne aux amours un prompt réveil !
O vin ! ton feu qui nous embrase
Est moins doré qu'une topaze
Mais plus joyeux que le soleil !
— On est brûlé de douces fièvres
Qui nous font tout à coup meilleurs,
Les aveux s'échappent des lèvres
Comme le parfum sort des fleurs !

Le plus assombri se déride,
La raison a lâché bride
Aux désirs fous de la gaîté ;
Eperonné par le Champagne,
L'esprit joyeux bat la campagne
Dans un galop précipité !
— O vin dont le bouchon détonne,
Monte en gerbes à nos cerveaux !
Ton pétillement nous étonne,
Tu sors tout vivant des caveaux !

Comme dans la douceur d'un rêve
Je crois voir s'échapper sans trève
Du cristal où frémit le vin
Des amours tout nus, dont les ailes
Blanches et vaguement réelles,
Nous frôlent de leur vol divin !
— Ah ! sous ton flot clair qui fermente
Le chagrin est enseveli !
O Champagne ! ô source écumante
Sois l'amour présent, sois l'oubli !!

Ton pouvoir n'a rien de farouche
Et l'aurore, sur notre couche,
Nous trouvera sains et joyeux,
Car elle n'est rien que fumée,
L'immortelle joie enfermée
Dans tes frissons mystérieux !
— Et nous sortons de ton ivresse
Comme d'un pays enchanté
Dont le souvenir nous caresse
Par ses parfums et sa clarté !

CH. GRANDMOUGIN.

LE VIN DE CHAMPAGNE

TROISIÈME PRIX : Panier de Champagne offert par M. Mercier.

RONDEAU

Je dois le jour au vieux pays de Gaule,
Je suis l'enfant du terroir champenois,
Et dès longtemps je tiens le premier rôle
Dans les festins et les galants tournois.

Je suis l'éclat, la joie et la lumière,
Le rayon d'or au reflet cristallin
Dont s'illumine un soir la vie entière
En son printemps ainsi qu'à son déclin.

Leste et pimpant, j'ai traversé les âges,
Jeune toujours autant qu'à mon début ;
Adolescents et barbons, fous et sages,
Tous à l'envi m'auront payé tribut.

Avec Watteau, je partis pour Cythère
Et je n'en suis plus jamais revenu ;
Le Dieu malin ne peut vivre d'eau claire
Et j'ai ma place attitrée au menu.

Parmi les fleurs et les senteurs exquises
Je figurais aux soupers du Régent
Et la main qui démasquait les marquises
Faisait sauter mon capuchon d'argent.

J'ai vu passer et tomber bien des choses.
Les rois s'en vont : N'importe, malgré tout,
Sous ma couronne où fleurissent les roses
Ma royauté reste encore debout.

Mais cependant, je me démocratise ;
Avec son siècle il faut marcher toujours.
Dans les banquets, sans qu'on se formalise,
Avec fracas j'interromps les discours.

Que fait Royaume, Empire ou République ?
Sous l'étiquette on n'est pas moins français
Et j'ai toujours, sans couleur politique,
De mon pays célébré les succès.

Hélas ! hélas ! éclipsant tant de gloires,
Ils sont aussi venus les jours de deuil !
Et nous avons tous connu les déboires
Qui font saigner un filial orgueil.

Il faut me plaindre : — offert en holocauste
Pour préserver nos foyers envahis,
Je fus forcé de m'unir dans un toste
Aux étrangers qui foulaient mon pays !

Séchez vos pleurs: La France va renaître.
Le rire prend la place des sanglots
Et laisse-moi, moraliste, ô mon maître,
De la folie agiter les grelots.

Si la gaîté soutient l'âme française,
Ne faut-il pas garder ce feu sacré ?
De ce foyer — deviendrait-il fournaise —
Ne faut-il pas maintenir le degré ?

Lorsque Thibaut des palmes du trouvère
Voulut timbrer son royal écusson,
C'est grâce à moi qu'il puisa dans son verre
Le gai sçavoir et l'art de la chanson.

Et j'ai plus tard aux modernes génies
Du monde ancien tirant un art nouveau
Fourni la clef des formes rajeunies ;
Ce talisman, c'est la clef du Caveau.

Si j'inspirai quelques œuvres badines,
Si j'ai signé quelques mots croustilleux ;
Grisant Vert-Vert, chez les Visitandines
Si j'ai causé des troubles scandaleux,

J'ai ramené les muses infidèles
Aux vieux lutteurs gisant sur le carreau
Et j'aidai même, en lui donnant des ailes,
Chaulieu podagre à narguer son bourreau.

Pour tous les maux je possède un dictame
Que nul de vous ne voudra repousser
Et je n'ai pas, moi, besoin de réclame,
Mes chers amis, pour me faire mousser.

Noel STEBH.

CHANSON SUR LE VIN DE CHAMPAGNE

PREMIER ACCESSIT.

> « Qui chante le bon vin
> Montre qu'il sait le boire.

LE CHAMPENOIS

I.

Séduit par les riants coteaux
Dont la Champagne est souveraine,
Mon père au beau milieu d'un clos
Un jour établit son domaine.
Là, jusqu'à sa mort, sans ennui,
C'est de son vin qu'il voulut boire,
Et je veux faire comme lui
Afin d'honorer sa mémoire.

REFRAIN :

Je suis vigneron champenois,
Et depuis ma plus tendre enfance
C'est du Champagne que je bois :
Le meilleur de nos vins de France.

3

II.

Est-il un poème pareil
Au Champagne, ce roi des fêtes ?
Il a pour auteur le soleil,
Cet inspirateur des poètes.
Admirez ses reflets bénis,
Plus doux que les feux de l'aurore,
Il rit à nos cœurs rajeunis
A travers le cristal sonore.

III.

Accourez, vignerons joyeux,
Après une rude semaine,
Vous retremper au vin mousseux,
Ce digne fruit de votre peine.
Allons, amis, que vos chansons
Se mêlent au choc de nos verres ;
Demain qui sait où nous serons :
Buvons ! nos jours sont éphémères.

IV.

Fi ! de la gloire et des honneurs
Où l'ambitieux se prélasse !
Loin des soucis et des grandeurs
Contentons-nous d'une humble place.
En paix, au doux bruit des glouglous,
Dans ma cave où le vin abonde,
Je me berce de rêves fous
Et me crois le maître du monde !

V.

Quand viendra l'heure, mes amis,
De m'ensevelir sous la terre,
Je désire qu'un cep soit mis
Près de ma pierre tumulaire :
Mon âme, au temps du vin nouveau,
En voyant ses grappes vermeilles,
Suivra du fond de son tombeau
Vos joyeux ébats sous les treilles.

Eugène ALBERGE.

GLOIRE AU CHAMPAGNE.

DEUXIÈME ACCESSIT.

« Deo juvante! »

CHANSON

1er *Couplet.*

Des vins célèbres de la France
Le meilleur, le plus glorieux,
A qui l'on fait la révérence
Et que l'on recherche en tous lieux,
C'est la liqueur enchanteresse
Eclose en pays champenois,
Dont le goût est une caresse
Et la couleur d'un frais minois.

REFRAIN :

Gloire au vin de Champagne !
Il réveille l'esprit,
La gaîté l'accompagne
Et l'amour le chérit ;
Souverain salutaire,
N'a-t-il pas tous les droits
D'être chanté sur terre
Le roi des vins, le vin des rois ?

2º *Couplet,*

Quand une femme trop cruelle
A notre amour veut résister,
Pour la changer en tourterelle
Le clicquot vient nous assister...
Le bouchon part comme une bombe
Et fait pétiller la liqueur...
La belle enfant alors succombe
Et du combat l'on sort vainqueur !

3º *Couplet.*

Le cor sonne, le cerf agile
Devant la meute qui le mord
S'enfuit, mais un chasseur habile
D'un coup de fusil l'étend mort...
C'est l'hallali ! qu'on se rassemble,
A Saint Hubert, buvons messieurs...
Chasseurs adroits, vidons ensemble
Un vieux flacon d'Aï mousseux !

4ᵉ *Couplet.*

J'ai fait souvent cette prière
Au bon Dieu qui l'exaucera :
— Empêche l'œuvre meurtrière
Du barbare phylloxera !
La Champagne est un pays noble,
Sur son terroir jette un coup d'œil ;
Si nous perdions un tel vignoble,
Le monde entier serait en deuil.

5ᵉ *Couplet.*

Naguère, ô vaillante Champagne,
Pour se donner beaucoup de cœur,
Les lourds soldats de l'Allemagne
Malgré toi, buvaient ta liqueur !...
S'ils veulent calmer notre haine,
Qu'ils rendent à la liberté
Notre pauvre Alsace-Lorraine,
Et nous boirons à leur santé.

DERNIER REFRAIN :

Gloire au vin de Champagne !
Autour d'un fût géant
Les fils de Charlemagne
Diront en se jouant :
— Entre nous plus de guerre,
Cela vaut mieux, je crois,
Et proclamons sur terre
Le roi des vins, le vin des rois !

Jean BONIN.

LE VIN DE CHAMPAGNE

TROISIÈME ACCESSIT.

CHANSON

« J'aime à la folie le coin du feu et les cricris....
« une salade de homards, une bouteille de Champagne,
« et la causette. »
(Lord BYRON : *Don Juan*, C^to 1^rst CXXXV.)

I.

Toi qui pars comme une fusée,
Symbole de l'esprit français,
Vin charmant, liqueur irisée
Pétillant comme le succès,
Aux vins de Sicile et d'Espagne
Qui coulent de leurs urnes d'or,
Je sais te préférer encor,
Vin de France, ô joyeux Champagne !

II.

Si ta radieuse ambroisie,
Révélée au pays des dieux,
Eût de sa jeune poésie
Déridé Vulcain soucieux,
Cypris que l'amour accompagne,
Cypris naissant des flots amers,
Eût changé l'écume des mers
Pour de la mousse de Champagne.

III.

Vin des poètes et des femmes,
Avec les rythmes langoureux
Dont la valse enlace les âmes,
Ton arome prête aux aveux ;
Ta chaleur flambante nous gagne !
Je souris, j'écoute, et je crois
Aux doux propos dits à mi-voix
Entre deux coupes de Champagne.

IV.

Pour adoucir les plus cruelles,
Tu deviens un philtre attendri ;
Les amours vont mouiller leurs ailes
Dans les coupes de Sillery ;
Prenant la gaîté pour compagne
Et les belles pour échansons,
Tu passes avec les chansons
Sur leur bouche rose, ô Champagne !

V.

Dans la famille, aux soirs de fêtes,
Mettant la joie à tous les yeux,
Tu fais éclater dans les têtes
L'esprit gaulois de nos aïeux !
Les coteaux, pays de cocagne,
Où tu mûris sous le soleil,
Ruisselant du nectar vermeil
Sont la gloire de la Champagne.

VI.

Bien que nos jours ne soient pas roses
Et que les revers soient nombreux,
Foin des philosophes moroses
Qui rendent l'homme ténébreux !
Le bonheur est une montagne,
Nul n'atteint son faîte pâli...
— Amis, je veux boire à l'oubli :
Que l'on me verse du Champagne !

JEANNE VAISSIÈRE.

CHAMPAGNE!

QUATRIÈME ACCESSIT.

I.

Ça, sommelier ! qu'on apporte les coupes,
Voici venir l'instant de la gaîté ;
Que sur la table apparaissent les groupes
De flacons où l'Aï met son été ;
Bouteille accorte, ô riante diablesse !
Prends sous les flots ambrés notre raison.
Qu'importe ici ta carte de noblesse,
Es-tu Française ? Oui !... devant ce blason :

CHŒUR OU REFRAIN :.

Inclinons-nous et chantons le Champagne !
Lui dont l'esprit, en un mirage d'or,
Nous fait bâtir maints châteaux en Espagne,
Et dans l'hiver revivre messidor ;
Grand vin français que l'espoir accompagne,
Toi qui nous rends si vifs et si joyeux,
S'il nous fallait revoir en ta campagne
Le Teuton, vainqueur odieux,
Meurs plutôt sur ton sol crayeux
Champagne !
Mais ne mousse jamais aux yeux
Des Attilas sanglants, qui viennent d'Allemagne.

II.

C'est pour nous, Francs, que doit pousser ta vigne,
Cep champenois qui donne à nos banquets
Ce jus jaseur, vermeil, unique, insigne,
Stimulateur de nos bruyants caquets ;
Liqueur d'amour qui sait plaire à la femme,
Vin qui nous fait tous boute-en-train, courtois,
Prime-sautiers, galants, ô pur dictame l
Console-nous et retrempe nos voix :

Pour te chanter, ô vin de la Champagne !
Toi dont l'esprit, en un mirage d'or,
Nous fait bâtir maints châteaux en Espagne,
Et dans l'hiver revivre messidor ;
Grand vin Français que l'espoir accompagne,
Toi qui nous rends si vifs et si joyeux,
S'il-nous fallait revoir en ta campagne
 Le Teuton, vainqueur odieux,
 Meurs plutôt sur ton sol crayeux
 Champagne !
Mais ne mousse jamais aux yeux
Des Attilas sanglants, qui viennent d'Allemagne.

 ERNEST ROCH.

CHANSON DU VIN DE CHAMPAGNE

CINQUIÈME ACCESSIT.

Pour célébrer les vins de la Champagne,
Pas n'est besoin d'un orchestre savant ;
Le cliquetis des verres m'accompagne
Et mes couplets s'achèvent en buvant.

Le ciel donna le cidre à la Bretagne,
La bière au Belge, au Gascon le bordeaux ;
Mais c'est à vous, enfants de la Champagne,
Qu'il réserva ses plus divins cadeaux.

Salut à toi, vieille et noble Champagne,
Tes flancs crayeux recèlent un trésor !
Et l'Italie et l'orgueilleuse Espagne
Jamais n'ont pu créer ta liqueur d'or.

Que comparer à nos vins de Champagne,
A ce nectar digne des anciens dieux ?
Le plus brillant fleuron de l'Allemagne,
Johannisberg, vaut-il l'Aï mousseux ?

Sachons aimer ce sol de la Champagne,
Sol que féconde un incessant labeur ;
Les lacs, les bois, la plus haute montagne
Ont moins de charme aux yeux du franc buveur.

Vraiment ce vin, ce doux vin de Champagne,
A pour chacun de merveilleux appâts :
L'été, l'hiver, en ville, à la campagne,
Il n'est sans lui point d'honnête repas.

C'est au dessert qu'apparaît le Champagne,
Coiffé d'argent dans des flacons poudreux :
Nous apportant la gaîté sa compagne,
Les doux propos et les refrains joyeux.

Amis, buvons un verre de Champagne,
Ou deux... où trois... ou quatre si l'on veut ;
Si j'en prends cinq, l'émotion me gagne
Rapidement, j'en fais ici l'aveu.

Un coup de trop ne conduit pas au bagne ;
Vider son verre est la suprême loi :
Allons à six... et le grand Charlemagne,
Si j'en prends sept, sera moins grand que moi !

Donc de la Flandre au fond de la Cerdagne
Qu'on te vénère, ô pétillant Cliquot ;
Et que nos chants fassent dire à l'écho :
Vive le vin, le vin de la Champagne !

M. DE LA SERRE.

SALUT, CHAMPAGNE !

CINQUIÈME ACCESSIT EX-ÆQUO.

Tu, præclare cogitationum impulsu.

Salut, coteaux à flancs crayeux,
Champagne, où fièrement s'avance
La Marne aux flots tumultueux,
Où pétille ce vin joyeux
Qui fait l'orgueil de notre France !

I.

Lorsque Phébus, impatient,
Précipite sa course altière
Des purs sommets de l'Orient,
Pour qui ses baisers, sa lumière ?
Pour toi, pays aux gais vallons
Couverts de ceps : ta grappe blonde,
Dorée aux feux de ses rayons,
Fait, comme lui, le tour du monde.

II.

Pour l'éprouver, Satan, narquois,
D'une terre âpre et rocailleuse
Lotit le vaillant Champenois ;
Mais, tu jaillis, sève mousseuse !
Or, quand revint l'esprit malin,
Le vigneron saisit le traître
Et le plongea net dans son vin.
Le diable y danse encor peut-être !

III.

Reims ! Epernay ! murs renommés,
Joyaux de ce riche domaine,
Autour de vous sont parsemés,
Sous votre égide souveraine,
Ces beaux cantons chéris des cieux :
Ay, Pierry, Mareuil, Avize,
Et Sillery, cent autres lieux,
Ton apanage, ô mousse exquise !

IV.

Inséparable de ton nom,
Cité que le Bernon domine,
Epernay, de Moët et Chandon
Exaltons la liqueur mutine.
De tes produits fameux, Perrier,
La louange n'est plus à faire.
Honneur, ingénieux Mercier,
A ce tonneau si populaire !

V.

Fin Pommery, toi, fier Clicquot,
Puisse ma voix de votre gloire
Répercuter un faible écho !
Je bois, Champagne, à ta victoire.
Franchis la Manche et vole au Rhin !
Chantons aux lointaines provinces
Et ces caves, palais du vin,
Et ces villas, palais de princes !

VI.

A nous les grands horizons bleus !
Charmant nectar, beau vin limpide,
Lorsque tu sors, impétueux,
De ton enveloppe solide.
Quand tes perles, en scintillant,
Se lutinent, folles d'ivresse,
Dans le cristal étincelant,
A nous l'éternelle jeunesse !

Salut, coteaux à flancs crayeux,
Champagne, où fièrement s'avance
La Marne aux flots tumultueux,
Où pétille ce vin joyeux
Qui fait l'orgueil de notre France !

CHARLES LECŒUR.

LE VIN DE CHAMPAGNE

CINQUIÈME ACCESSIT EX-ÆQUO.

RONDEAU

> Le vin de France a fait le tour du monde
> Laissant partout des souvenirs joyeux...

Vin de Champagne,
Jus de cocagne,
Source d'esprit, d'amour, de volupté,
Ta douce ivresse
Enchanteresse
Verse en nos cœurs espoir, oubli, gaîté.

Salut, Champagne, ô terre précieuse,
Si charitable aux yeux de l'Univers ;
Par ta tisane, en tout délicieuse,
Souvent le monde est gaîment à l'envers !
Soit que l'on s'aime,
Soit un baptême,
Si l'on s'unit, soit qu'on fête un succès :
Juif, catholique
Vite on s'applique
A voir briller ce crû des plus français.

Vin de Champagne, etc.

4

Du beau, du bon, du gai, fervents apôtres :
Cliquot, Ruinart, Pommery, Saint-Marceaux,
Moët, Mercier, Roederer et tant d'autres
De vos flacons honneur aux nobles sceaux.
      Qu'en notre flûte
      Pétille, lutte
Le franc nectar de vos vastes caveaux :
      Ta poésie,
      Chaude ambroisie,
Joyeusement inspire nos cerveaux.

      Vin de Champagne, etc.

Philtre enchanteur, liqueur fatale, active,
Cher talisman des petits jeux coquins,
Débarrassé du fil qui te captive
Tu mets en l'air Anglais, Américains.
      Ta fine sève
      Est tout un rêve
Electrisant les cœurs du monde entier,
      Car ta puissance
      Vaut la naissance
Assurément de plus d'un héritier.

      Vin de Champagne, etc.

Gloire au mousseux dont les brillantes gerbes
Font, du bonheur, découvrir l'horizon !
Quand tu jaillis en spirales superbes
Vive la joie, au diable la raison !
      Fais voir des roses
      Aux gens moroses,

De frais minois aux heureux libertins,
Et sois sans cesse,
Avec largesse,
Le roi des vins, l'âme des gais festins.

Vin de Champagne,
Jus de cocagne,
Source d'esprit, d'amour, de volupté,
Ta douce ivresse
Enchanteresse
Verse en nos cœurs espoir, oubli, gaîté.

ALPH. FRICOTTEAU DE PARGNY.

LE CHAMPAGNE SOUS LE CHAUME

CINQUIÈME ACCESSIT EX-ÆQUO.

Les doux plaisirs font supporter les peines.

I.

Champagne, ô le roi des vins de la terre,
Ta place est marquée au riche banquet ;
Là tes flots mousseux débordent le verre
Et changent en lac le brillant parquet ;
Mais aussi, parfois, en roi véritable,
Tu portes tes dons dans l'humble foyer ;
Qu'elle est belle, alors, la modeste table
Quand tes reflets d'or la font flamboyer !

REFRAIN :

Liqueur souveraine
Oui, va quelquefois réjouir le cœur
Du fils de la peine
Qui fête en famille un jour de bonheur !

II.

Lorsqu'un bon fermier marie une fille
Au robuste gars de son vieil ami,
Chez lui, ce jour-là, tout flambe et pétille ;
Rien, dans le bonheur, n'est fait à demi ;
Et, nectar royal, sous ce toit de chaume,
Encor inconnu, tu viens de ce jour
Augmenter la joie et mêler ton baume
Aux douces senteurs d'un rustique amour.

III.

Le temps a passé : sous sa rude haleine
Se sont inclinés deux fronts chargés d'ans ;
Ils fêtent le jour de leur cinquantaine,
Gais d'être entourés de tous leurs enfants ;
Et tu viens encor, généreux Champagne,
Sous ce toit sacré par les durs labeurs,
Donner à ces vieux que ta chaleur gagne,
Le doux souvenir des jeunes ardeurs.

IV.

Adieu, vin doré ! les vieux de la ferme
Ne te verront plus pétiller joyeux ;
Courbés vers la terre ils touchent au terme
Où l'on va dormir auprès des aïeux ;
Pourtant si jamais l'heureuse victoire
Revenait avant briller parmi nous,
De nos fiers soldats pour bénir la gloire,
Ils voudraient encor te boire à genoux !

J. MICHAUD.

LA CHANSON DU CHAMPAGNE

PREMIÈRE MENTION TRÈS HONORABLE.

1er COUPLET.

Au diable les discours sévères,
Les plaintes d'un monde ennuyeux !
La gaîté mousse dans nos verres
Au bruit du Champagne joyeux.
La liqueur pétillante et blonde,
Donnant de l'esprit et du cœur,
A fait cent fois le tour du monde :
Amis, ce soir, chantons en chœur :

Refrain :

Vive la chanson du Champagne !
Ce doux trésor
Qui nous fait battre la campagne
Dans son flot d'or.
Atteignons les ivresses roses,
Buvons à nos succès ;
Oublions les heures moroses :
Vive le vin français !

2ᵉ COUPLET.

S'il plaît à l'amour de paraître
Dans le cœur des gais amoureux,
C'est le Champagne qui fait naître
L'étincelle aux yeux langoureux.
Sous sa capiteuse caresse,
Les chagrins sont vite envolés ;
C'est lui qui nous donne l'ivresse,
Les chants et les rires perlés...

Refrain :

Vive la chanson du Champagne !
Ce doux trésor
Qui nous fait battre la campagne
Dans son flot d'or.
Atteignons les ivresses roses,
Buvons à nos succès ;
Oublions les heures moroses :
Vive le vin français !

3ᵉ COUPLET.

Un jour, le Teuton plein de bière
A, dans son orgueilleux courroux
Juré de quitter sa Bavière
Pour boire notre vin chez nous.
Dans ta germanique insolence
Dessèche ton palais gourmand ;
Le Champagne est au cœur de France :
Viens donc le chercher, Allemand !

Refrain :

Gardons notre vin de Champagne ;
       Ce doux trésor
Ne mûrit pas pour l'Allemagne
       Ses grappes d'or.
Le Teuton peut crier qu'il l'aime,
       Rêvant à ses succès,
Il restera français quand même :
       Vive le vin français !

4ᵉ COUPLET.

Beaujolais, Nuits, Bordeaux, Bourgogne
Etalez vos rouges appas ;
Combattez l'Aï sans vergogne,
L'Aï que vous ne valez pas.
Je suis réservé pour la fête,
Et vous paraissez chaque jour.
Allons, rougeauds, courbez la tête
Devant le chantre de l'amour !

Refrain :

Vive la chanson du Champagne !
       Ce doux trésor
Qui nous fait battre la campagne
       Dans son flot d'or.
Saluons le vin de la gloire,
       Qui chante nos succès ;
Son nom appartient à l'histoire :
       Vive le vin français !

ACHILLE MÉRY.

LE VIN DE CHAMPAGNE

DEUXIÈME MENTION TRÈS HONORABLE.

CHANSON

> Quant au Vin de Champagne, la plus jolie chanson
> et la mieux ficelée est celle du bouchon qu'on
> délivre de ses liens.

I.

Zut ! au Xérès, au Malvoisie,
Au vieux nectar, à l'ambroisie,
Au Falerne, aux vins d'autrefois !
Pour nos fins palais champenois
N'avons-nous pas mis en bouteilles
Ce suc généreux de nos treilles,
Ce clair soleil, ce royal vin,
Ce breuvage exquis et divin ?
    Moi, quand, sur cette terre,
    J'ai du vin dans mon verre
Où court la mousse aux blancs flocons,
Je viderais mes dix flacons.
    Je n'ai plus qu'une envie :
    Boire toute la vie.
Amis, morbleu, la coupe en main
On se moque du lendemain.

REFRAIN :

Vin pétillant, liqueur blonde ou rosée,
Fais sauter ton bouchon casqué d'or ou d'argent,
Et dans nos cœurs, bienfaisante rosée,
Eveille l'allégresse et le rire indulgent.

II.

Qu'un César boive en Allemagne
Son Rhin mousseux, ô ma Champagne,
Tes vignerons de Verzenay,
D'Ay, de Reims et d'Epernay,
Dédaigneront cette bravade.
Laissons lui sa tisane fade ;
C'est un sot, dans tout l'univers
On boit chez cent peuples divers
    La coupe enchanteresse
    Où tu verses l'ivresse,
Où les noirs soucis sont noyés,
Où tous les maux sont oubliés ;
    Où la gaîté française
    S'épanouit à l'aise,
Vive, fine comme ton vin
Que l'Allemand boirait en vain.

Vin pétillant, etc.

III.

Le dos au feu, le ventre à table,
Ici bas tout est admirable,
Quand on peut payer son écot
D'une fiole de Cliquot.
La terre tourne ; on fait comme elle.
Pourquoi se casser la cervelle ?

N'est-on pas dans le mouvement,
Et ne peut-on rire un moment ?
    Dans mon cœur, dans ma tête,
    Déjà tout est en fête.
Mon sang circule en bouillonnant,
Mon regard va papillonnant.
    Et je sens que l'ivresse
    M'inspire une tendresse
A baiser tout le genre humain
Si je buvais jusqu'à demain.

Vin pétillant, etc.

IV.

Amis, écoutez ma prière,
Je veux qu'à mon heure dernière
On m'offre le coup des adieux.
Sans chercher à fermer mes yeux,
Que l'un de vous m'ouvre la bouche,
Pour que je boive sur ma couche,
Encore une goutte de vin.
Ce sera le mot de la fin.
    Près de moi dans ma bière,
    Je veux qu'on mette un verre,
Un plein flacon de vin mousseux
Du crêmant le plus précieux.
    Ainsi flanqué, plus vite,
    Si chacun ressuscite,
En me réveillant je boirai,
Et devant Dieu je chanterai :

Vin pétillant, etc.

V.

Ce badinage poétique,
D'une note patriotique
A besoin, Messieurs, n'est-ce pas ?
Point de chanson, point de repas,
Où ne frémisse notre haine,
O bourreaux d'Alsace-Lorraine,
Où l'on ne parle du grand jour
Où nous vaincrons à notre tour,
    Où sur notre frontière
    La France tout entière,
Guidant ses guerriers triomphants,
Viendra reprendre ses enfants.
    Quand dans notre patrie,
    La victoire chérie
Aura suivi nos escadrons,
Le verre en main, tous nous dirons :

Vin pétillant, etc.

Léon MAIGRET.

LE CHAMPAGNE

DEUXIÈME MENTION TRÈS HONORABLE EX-ÆQUO

O Champagne mousseux, vin français, bien français,
Vin qu'en France l'on boit pour fêter le succès,
Vin qu'en France l'on boit pour fêter la victoire,
C'est toi qu'aux jours heureux, au dessert, on veut boire.
Le Champagne pétille, et des toasts sont portés
A l'amour, au bonheur, au triomphe, aux santés.
Oh ! c'est que ce bon vin d'une province est l'âme,
C'est que l'on voit l'esprit s'allumer à sa flamme ;
C'est que du sol français ce vin divin jaillit
Et que de son or pur le sol s'enorgueillit ;
C'est que parmi les vins sa place est la première ;
C'est qu'en lui le soleil a versé sa lumière,
Ses rayons, sa chaleur, et que le mot brillant
Voltige, vif et prompt, sur son flot pétillant ;
C'est que sa vigne-mère a pompé dans ses veines
Notre sang généreux pendant ces guerres vaines,
Et que, magicienne en vin changeant ces pleurs,
Elle rend de la joie, ayant pris des douleurs.

Oh ! viens, chanson légère éclose sous la treille,
Entourer de tes bras le col d'une bouteille.
Les verres sont rangés, les bouchons vont sauter,
Le Champagne pétille : il nous faut le chanter.

LA CHANSON DU VIN.

I.

Le nouveau-né, trésor qu'on aime,
Fruit d'amour des époux bénis,
Est au berceau ; pour son baptême
Quelques amis sont réunis.
Fille, c'est une souveraine.
Et garçon, c'est un souverain,
Ah ! qu'elle est belle, la marraine !
Ah ! qu'il est pimpant, le parrain !
Pour que le bonheur l'accompagne
On boit au doux enfant qui dort.
Le vin que l'on verse à plein bord,
    C'est le Champagne.

II.

L'enfant grandit, il devient homme,
Et pour lui l'on songe à l'hymen.
Une fillette, belle comme
La beauté, vient sur son chemin.
Courant joyeux dans la rosée,
Ah ! qu'ils sont beaux les amoureux !
Ah ! qu'elle est belle, l'épousée !
Ah ! que l'époux doit être heureux !
On boit à l'homme, à sa compagne
Pour que toujours doux soit leur sort.
Le vin que l'on verse à plein bord,
    C'est le Champagne.

III.

Tous les jours heureux de la vie,
Le Champagne doit les fêter,
Et toujours la vue est ravie
Quand on voit les bouchons sauter.
Si le blé fait plier la grange,
Si c'est l'usine qui produit,
Si productive est la vendange,
Si c'est la beauté qu'on séduit,
Si c'est le gros lot que l'on gagne,
Si l'on triomphe par l'effort,
Le vin que l'on verse à plein bord,
    C'est le Champagne.

IV.

Français, le vainqueur de la veille
Est le vaincu du lendemain.
Un jour une aurore vermeille
Nous verra les armes en main.
Notre pacte avec la victoire,
Rompu, peut être renoué.
Le soleil chasse la nuit noire,
Et le dé peut être joué.
Au retour de cette campagne
Où doit vaincre notre bras fort,
Le vin qu'il faut boire à plein bord,
    C'est le Champagne.

Champagne, vin mousseux que l'on boit sur un signe,
Dont les rayons dorés ont dardé sur la vigne
Verte qui t'a produit leur feu le plus vermeil ;

Ils ont dans les raisins mis un goût délectable,
Si bien qu'en te buvant, à l'entour de leur table,
    Les heureux boivent du soleil.

Champagne, roi des vins et roi des vins de France,
Nul vin fameux ne peut te faire concurrence ;
L'esprit que tu fais naître en d'autres se noiera.
Tu te fais envier par la sombre Allemagne ;
Son empereur a dit : je boirai du Champagne,
    Quand la Marne m'appartiendra.

Relève le défi de ce buveur de bière.
Ce n'est pas pour ses yeux que jaillit ta lumière
Ni pour l'oiseau de nuit que luit le diamant.
Et s'il dit qu'en vainqueur il a trempé ses lèvres
Dans ton or, réponds-lui que les français non mièvres
    Eurent, eux, son Rhin allemand.

Oh ! le Champagne est fait pour les lèvres françaises ;
C'est dans les yeux français qu'il allume ses braises,
C'est à l'esprit gaulois qu'il sait donner le ton ;
Il coule pour la bouche, impossible à décrire,
De la Parisienne, où brille un fin sourire
    Et non le gros rire teuton.

                                P. COTTARD

LE VIN DE CHAMPAGNE

DEUXIÈME MENTION TRÈS HONORABLE EX-ÆQUO.

CHANSON

Champenois, saluons le Champagne !

1er *Couplet*.

Vin pétillant de la Champagne
Qui cours le monde en insoumis,
Lutin frivole qu'accompagne
Une escorte de gais amis,
Dans l'obscur tableau de la vie
Viens jeter un rayon vermeil !
Fais-nous adorer la folie
Que tu rends douce, ô vin-soleil !

REFRAIN :

Vin du conte et du rire,
Des fleurs et des amours,
Les cerveaux en délire
Te chanteront toujours.

5

2ᵉ *Couplet.*

Quand on plonge, avide, ses lèvres
Dans ta mousse, neige de feu,
On sent en soi courir les fièvres
Des voluptés ; le rêve bleu
S'empare du cœur et de l'âme.
Adieu chagrins, adieu sanglots,
L'homme devient agneau : la femme
Le fait danser à ses grelots.

(*Refrain.*)

3ᵉ *Couplet.*

Pour les baisers des fiançailles,
— Chauds cantiques des cupidons, —
Pour les heureuses relevailles,
Saute, saute, au bruit des chansons !
Au nom de notre indépendance,
Aime ton ciel : ton ciel est beau !
Ne t'exiles pas de la France...
Saute en l'honneur de son drapeau !

(*Refrain.*)

Léon MIGNE.

CHAMPAGNE-FRANCE !

TROISIÈME MENTION TRÈS HONORABLE.

Speranza.

Versez toujours, versez jusqu'à l'ivresse !
Ma coupe est vide, et je veux boire encor
Le vin mousseux, doux comme une caresse,
Qui m'éblouit de ses purs rayons d'or !
Qaand je le bois, dans un prisme magique,
Je vois passer la grâce et la beauté,
Et de ma lèvre, un vieux refrain bachique,
S'échappe leste et rempli de gaîté !

Versez le Champagne de France
Qui fait chanter !
Qui vient, dissipant la souffrance,
Nous enchanter !

Viens, ô Cliquot, chasser l'humeur morose,
Philtre enchanté, de tous les maux vainqueur !
Viens dissiper le spleen et la névrose ;
Fais envoler le doute de mon cœur !
Je voudrais croire à tous ces vains mensonges,
A l'amitié, puis l'honneur, puis l'amour !
Oh ! viens bercer mes rêves et mes songes,
Laisse à ma nuit l'illusion du jour !

       Versez le Champagne de France
           Qui fait rêver !
      Qui peut défier la souffrance
           Et la braver !

Si, toujours vif, l'esprit gaulois pétille
Dans nos discours, dans toutes nos chansons,
Si le regard de nos belles scintille,
Si dans nos cœurs passent de doux frissons ;
C'est grâce à toi, vin de toutes les fêtes !
Breuvage ardent, qui mets notre âme en feu :
C'est toi qui viens inspirer les poëtes,
Et fais souvent murmurer un aveu !

       Versez le Champagne de France
           Qui fait aimer !
      Qui dans nos vers met la cadence,
           Pour nous charmer !

Ta renommée a fait le tour du monde,
Tous les pays se disputent ton vin ;
Et tes produits, ô Champagne féconde !
S'en vont au loin porter ton nom divin !

Dans les palais, sur les tables princières,
N'es-tu le roi, vin de France immortel !
Et tu redis, aux majestés altières,
De ton pays le prestige éternel !

Insouciant de la distance,
O vin léger !
Va porter le nom de la France
A l'étranger !

Nos lourds voisins, avides de pillage,
Jettent sur toi leurs regards envieux ;
Mais de la ville au modeste village,
Nous sommes là ! les jeunes et les vieux,
Prêts à partir pour entrer en campagne ;
Tous, à la voix de nos chefs obéis,
Nous combattrons pour te sauver, Champagne !
Jusqu'à la mort, pour toi, pour le pays !

O viens nous donner la vaillance,
Nous embraser !
Pour chasser l'ennemi de France,
Et l'écraser !

Buvez en paix vos bières indigestes,
Elaborez vos projets infernaux !
Nous surveillons jusqu'à vos moindres gestes,
A la frontière à travers les créneaux ;
Nous dédaignons vos intrigues sournoises !
Nous sommes forts !... Et sachez-le, jamais
Vous ne prendrez nos vignes champenoises,
Et notre vin sera toujours français !

Vive le Champagne de France,
        Qui fait vibrer
Dans nos cœurs la douce espérance
        Prête à sombrer !

ANTOINE LAFOND.

AU VIN DE CHAMPAGNE.

QUATRIÈME MENTION TRÈS HONORABLE.

« Bien faire. »

I.

« O la bonne et douce purée
Septembrale ! » — eût dit Rabelais —
Que la liqueur claire et dorée
Qui vient délecter nos palais !
O le breuvage mirifique
Qui dans nos coupes de cristal
Pétille, et dont l'éclat magique
Du plaisir donne le signal !

Gloire à toi, merveilleux Champagne !
Le bruit de ton gai panpan
Electrise le tympan
Du buveur que l'ivresse gagne ;
Vive, vive le Champagne
Dont le bouchon en sautant
Fait panpan !

II.

Horace adorait son Falerne.
Le Bordelais, le Bourguignon
Sablent le Nuits ou le Sauterne...
Quant à moi, de dom Pérignon
J'aime mieux la boisson divine
Qui mousse et grise nos cerveaux,
Parant la beauté féminine,
A nos yeux, d'attraits plus nouveaux !

Gloire à toi, etc.

III.

Chantons la vigne aux riches grappes
Qui croît sur les côteaux d'Aï,
Et, pour embellir nos agapes,
Nous procure son jus béni !
Epernay, Reims, vos caves pleines
Nous assurent de doux festins :
Pour chasser nos cuisantes peines,
Cela vaut tous les médecins !

Gloire à toi, etc.

IV.

L'Allemand — cette lourde race —
A beau vanter ses crus du Rhin ;
Il convoite, d'un œil vorace,
Le pays du vin souverain ;
Mais le Français, qui le déteste,

Saura défendre son trésor :
Au Teuton, la bière indigeste ;
A nous, le nectar couleur d'or !

Gloire à toi, etc.

V.

Champagne, ta saveur exquise
Te rend cher à tous les mortels,
Voilà pourquoi l'on divinise
Tes attraits vraiment immortels.
Oui, c'est toi le vin plein de flamme,
Dans l'univers si réputé,
Que partout le génie acclame,
Qui plaît le mieux à la beauté !

Gloire à toi, etc.

Hippolyte DAGUET.

AU VIN DE CHAMPAGNE.

CINQUIÈME MENTION TRÈS HONORABLE.

I.

Vin qui pétilles dans nos verres ;
Vin béni des joyeux trouvères ;
Vin de France, vin généreux ;
Verse ta flamme dans nos veines,
Verse, des Vosges aux Cévennes,
Verse l'amour aux amoureux !

Par toi, notre gloire au servage
Aime et rit au nez du vainqueur ;
A toi, Champagne ! à toi, breuvage
Qui mets l'amour, la joie au cœur.

II.

Vin béni des joyeux trouvères ;
Vin des chanteurs aux voix sévères ;
Vin de France, vin généreux,
Verse ta flamme dans leurs veines ;
Verse, des Vosges aux Cévennes,
Verse ta poésie en eux !

Par toi, notre Muse au servage
Prédit la revanche au vainqueur ;
A toi, Champagne ! à toi breuvage,
Qui mets la haine sainte au cœur !

III.

Vin du barde à la voix sévère ;
Vin des soldats que je révère ;
Vin de France, vin généreux ;
Verse ta force dans leurs veines ;
Verse, des Vosges aux Cévennes,
Verse l'héroïsme à nos preux !

Par toi, notre douleur sauvage
Rugit la menace au vainqueur ;
A toi, Champagne ! à toi, breuvage,
A toi qui réchauffes le cœur !

IV.

Vin des héros que je révère ;
Vin des fêtes, vin du trouvère ;
Vin de France, vin généreux ;

Verse, demain, verse en nos veines,
Verse, du Rhin jusqu'aux Cévennes,
Verse la gloire aux valeureux !

Par toi, notre gloire, au servage,
Triomphe aujourd'hui du vainqueur ;
A toi, Champagne ! à toi breuvage
Qui nous mets la victoire au cœur !

LÉON BERTHAULT.

LE VIN DE CHAMPAGNE

SIXIÈME MENTION TRÈS HONORABLE.

REFRAIN :

Vive le Champagne
Aux paillettes d'or,
D'Ay la montagne
Le plus beau trésor.

Tin, toc, tac, dans la coupe mousse
Le Champagne à reflet d'arach ;
Savourons cette liqueur douce,
Aux sons des toc, toc, tic, toc, tac,
    Toc, toc, tic, toc, tac.
    Vive le Champagne, etc.

Tin, toc, tac, quand Ay pétille,
Garde à nous, car nouveau Jarnac,
Il surprend, éclate, scintille
En feux d'or : toc, toc, tic, toc, tac,
    Toc, toc, tic, toc, tac.
    Vive le Champagne, etc.

Tin, toc, tac, quand les bouchons sautent,
Les peureux, surpris, ont le trac !
Les dames nerveuses tressautent
Aux bruits des toc, toc, tic, toc, tac,
    Toc, toc, tic, toc, tac.
      Vive le Champagne, etc.

Tin, toc, tac, le mousseux Champagne
Fait chanter ab hoc et ab hac,
Les moroses gens d'Allemagne,
Et les rend toc, toc, tic, toc, tac,
    Toc, toc, tic, toc, tac.
      Vive le Champagne, etc.

Tin, toc, tac, buvons à la femme
Tremblante dans son doux hamac ;
Attendant le choix de sa flamme,
Son cœur fait toc, toc, tic, toc, tac,
    Toc, toc, tic, toc, tac.
      Vive le Champagne, etc.

Tic, toc, tac, au mari capable
Allant, sans guide, sans cornac,
Donner à son épouse aimable
De brûlants toc, toc, tic, toc, tac,
    Toc, toc, tic, toc, tac.
      Vive le Champagne, etc.

Tin, toc, tac, aussitôt la soupe,
Que n'as-tu pour boire au bivac
Fantassin, du Champagne en coupe

Tu serais toc, toc, tic, toc, tac,
    Toc, toc, tic, toc, tac.
  Vive le Champagne, etc.

Tin, toc, tac, offrons au gendarme,
Dans la rue, allant en zig, zag,
Une coupe pleine : à son charme,
Il fera toc, toc, tic, toc, tac,
    Toc, toc, tic, toc, tac.
  Vive le Champagne, etc.

Tin, toc, tac, si la Bourse cloche,
Ayons soin à l'heure du crach,
De garder des écus en poche
Pour faire toc, toc, tic, toc, tac,
    Toc, toc, tic, toc, tac.
  Vive le Champagne, etc.

Tin, toc, tac, que Chandon soit maître,
Ou Mercier, monsieur d'oc ou d'ac,
Champagne quand tu prends en traître,
J'entends cent toc, toc, tic, toc, tac,
    Toc, toc, tic, toc, tac.
  Vive le Champagne, etc.

Tin, toc, tac, le voleur nous guette
Pour saisir notre or et le sac !
Il attend que de la guinguette
Nous sortions toc, toc, tic, toc, tac,
    Toc, toc, tic, toc, tac.
  Vive le Champagne, etc.

Tin, toc, tac, à la France belle,
Trinquons tous ! Du nord au grand Lac,
Que chacun, si la Mère appelle,
Sente au cœur, toc, toc, tic, toc, tac,
     Toc, toc, tic, toc, tac.

     Vive le Champagne, etc.

HENRY JOUSSAUME-LATOUR.

AU VIN DE CHAMPAGNE

SEPTIÈME MENTION TRÈS HONORABLE.

Melioribus annis.

Nectar des clos de la Champagne,
Eau de baptême des festins,
Toi, que jalouse l'Allemagne :
Je te salue, ô roi des vins !
Lorsque les coupes sont remplies
L'heure est aux toasts, à la chanson ;
Si tu fais faire des folies,
Tu mets les cœurs à l'unisson.

Champagne en ton honneur
Je veux braver l'ivresse ;
Ta divine liqueur
Provoque l'allégresse.
Trinquons, buvons, chantons,
(Charmante théorie)
Trinquons, buvons, chantons
L'amour et la Patrie !

6

Vin des mémorables journées,
Du plaisir et des jours heureux !
C'est toi qui depuis mille années
Enrichit ton sol généreux.
Tu prends ta part dans nos victoires
De l'industrie, et de la paix ;
Toi l'ami de toutes les gloires
Tu fais honneur au nom français.

> Champagne, en ton honneur, etc.

Quand la pauvre France envahie
Vit dévaster tes beaux coteaux,
Et que par le nombre, trahie,
Elle dut brûler ses drapeaux ;
Songeant que ta belle vendange
Allait abreuver les bandits,
Vaincue, elle invoquait l'Archange
Pour foudroyer tous ces maudits...

> Champagne en ton honneur, etc.

Vienne l'époque désirée,
L'âge d'or pour l'homme ici-bas ;
Plus de sang, de guerre, d'armée :
Le droit primant tous les combats.
Alors, l'universelle estime
Animant tout le genre humain,
Champagne, à cet accord sublime
Tu nous verras le verre en main.

Champagne, en ton honneur
Nous braverons l'ivresse.
Ta divine liqueur
Provoque l'allégresse ;
Chantons, trinquons, buvons :
Meure la barbarie.
Trinquons, buvons, chantons
Le vin de la Patrie !

Hippolyte RAULLOT.

CHANSON SUR LE VIN DE CHAMPAGNE

HUITIÈME MENTION TRÈS HONORABLE.

> J'aime tous les vins francs parce qu'ils
> font aimer.   (ALF. DE MUSSET.)

I.

Je suis peu fait pour être austère :
Je cherche à bien me divertir ;
Et, grâce à mon gai caractère,
Je n'éprouve aucun repentir.
Pour moi, toute heure en vaut une autre ;
Demain sera, comme aujourd'hui,
Un jour charmant où, fol apôtre,
Je pourrai vivre sans ennui.
Quand, par moments, le spleen me gagne,
Je m'offre des vins à mon goût,
    Mais j'aime avant tout }
    Le vin de Champagne. } *bis.*

II.

Ce vin est un roi qui gouverne
Dans nos fêtes et nos festins ;
Il règne en maître à la taverne
Et trône aux salons clandestins.
Comme Gabrielle d'Estrées,
La favorite au front serein,
Il a ses petites entrées
Chez le plus puissant souverain.
Malgré ses airs de Grand d'Espagne,
Il est décasqué d'un seul coup.
    Ah ! j'aime avant tout } *bis.*
    Le vin de Champagne.

III.

A gros flocons la neige tombe ;
La bise siffle ; c'est l'hiver.
Où courir, dis-moi, ma colombe !
Douce enfant dont l'amour m'est cher ?
Et l'enfant de sa voix si tendre
Réplique sans songer à mal :
Allons, allons sans plus attendre,
Danser, boire et chanter au bal.
Ah ! pour boire avec ma compagne,
Je risque mon dernier va-tout,
    Car j'aime avant tout } *bis.*
    Le vin de Champagne.

IV.

Qu'un sot buveur aux façons brusques
Boive encor dans les hanaps lourds,
Les brocs et les urnes étrusques,
Des vins doux comme du velours ;
Mais moi, je ne veux ni Falerne
Ni Cô blanc, ce vin sans saveurs
Qu'Horace, le chantre paterne,
Recommandait aux vieux viveurs.
Je bois en ville, à la campagne,
Des vins fins qu'on vante beaucoup,
    Mais j'aime avant tout ⎫
    Le vin de Champagne. ⎭ *bis.*

V. [1]

Sujet de poétiques luttes,
Ce vin, comme prix décerné,
Murmure, en perlant dans les flûtes,
Un ancien refrain d'Epernay.

---

[1] Variante pour les buveurs de Champagne qui préfèrent la coupe à la flûte :

V.

Poètes ! accourez en groupes,
Le vin, comme prix décerné,
Murmure en perlant dans les coupes,
Un ancien refrain d'Epernay.

Les notes de sa blonde mousse
Sont plus pures que le cristal ;
C'est la vieille chanson bien douce
Qui parle, au cœur, du sol natal.
Son rythme divin m'accompagne ;
Et je chante, assis ou debout :

> Ah ! j'aime avant tout } *bis.*
> Le vin de Champagne.

Command^t ADOLPHE MUNY.

CHANSON SUR LE VIN DE CHAMPAGNE

HUITIÈME MENTION TRÈS HONORABLE EX-ÆQUO.

I.

Chantons ce vin délicieux
Qui mousse et perle dans nos verres ;
Qui met des flammes dans nos yeux
Et déride les fronts sévères.
Il est le dieu de nos festins :
Là franche gaîté l'accompagne ;
Buvons, en narguant les destins,
Le vin céleste de Champagne.

II.

On parle encor des chants divins,
Des cris de joie et d'allégresse
Que poussaient, en l'honneur des vins,
Les buveurs de l'antique Grèce.
Mais songez quels bruits éclatants
Dans les cités et la campagne,
Si l'on avait eu, dans ces temps,
Le vin céleste de Champagne.

III.

Dans son coin charmant de Tibur,
Horace, le joyeux bohême,
Exaltait le vin vieux et pur
Qui lui dicta plus d'un poème ;
Mais le Falerne rouge ou blanc
Qui faisait jaser sa compagne,
N'avait pas le parfum troublant
Du vin céleste de Champagne.

IV.

Le fin liquide d'Epernay
Ne doit pas craindre les tisanes :
Il est, de plein droit, destiné
Aux reines comme aux courtisanes.
On en raffole au pays noir :
La négresse y vendrait son pagne,
Son seul bien, rien que pour avoir
Du vin céleste de Champagne.

V.

Amis ! parcourez l'univers
Et puisez aux sources choisies ;
Demandez aux peuples divers
Leurs nectars et leurs ambroisies ;
Traversez l'Oder et le Rhin ;
Fouillez l'Italie et l'Espagne ;
Vous proclamerez souverain
Le vin céleste de Champagne.

Cᵗ Adolphe MUNY.

CHANSON SUR LE VIN DE CHAMPAGNE

HUITIÈME MENTION TRÈS HONORABLE EX-ÆQUO.

«·Toujours plus oultre ! »

I.

O roi des vins de la France et du monde !
O juste orgueil des coteaux champenois !
Doux souverain à la couronne blonde,
Chacun de nous t'acclame à pleine voix !
A tout monarque il faut, à sa naissance,
Des courtisans et des coups de canons,
Et nous chantons ta royale puissance,
Te saluant de salves de bouchons !

Verse toujours dans nos coupes tendues
Tes perles d'or et ta mousse d'argent !
Chantons, amis ! Et qu'on entende aux nues
L'écho joyeux de notre chant !

II.

Quand tu jaillis des bouteilles poudreuses
Les noirs chagrins s'éloignent de nos cœurs :
Tu fais venir sur nos lèvres joyeuses
Les gais refrains et les rires vainqueurs !
Dans les sanglots des familles en larmes
Les rois humains font couler bien des pleurs,
Mais sous ton règne à jamais plus d'alarmes !
Toujours des chants, des baisers et des fleurs !

Verse toujours... etc.

III.

Vive l'amour ! Plus de lèvres rebelles
Quand radieux tu trônes parmi nous !
Auprès de toi les femmes sont plus belles,
Le cœur plus tendre et les baisers plus doux !
Mais tu te sais de bonne compagnie :
Laisse à l'alcool les buveurs ivres-morts ;
Ce n'est pas toi que la hideuse orgie
Prend pour tuer les âmes et les corps !

Verse toujours... etc.

IV.

Don précieux de l'Olympe à la terre,
Fils du nectar du céleste séjour,
Du temps passé poétique mystère,
Serais-tu pas le doux philtre d'amour ?
Car aujourd'hui que de lèvres ardentes,
Qu'en souriant tu faisais se poser,

Pour boire ensemble aux coupes débordantes
Ont joint leurs cœurs dans un même baiser !

    Verse toujours... etc.

V.

Coule toujours ! ô trésor de la France !
Tout chante et rit sous ta joyeuse loi,
Et nous devons à ta douce influence
L'esprit français pétillant comme toi !
Tous deux vainqueurs des soucis de la vie
Marchez toujours de succès en succès,
Et qu'à jamais l'étranger nous envie
Le vin de France et l'esprit des Français !

    Verse toujours... etc.

Adolphe WESTERMANN.

ÉLOGE DU VIN DE CHAMPAGNE

NEUVIÈME MENTION TRÈS HONORABLE.

CHANSON

In vino spiritus !

Vin dont le flot joyeux s'élance
Du verre, en lumineux bouquet,
Vrai vin soleil, par excellence,
De tout plaisir, de tout banquet,
Et dont la mousse d'or est chère
Même aux palais les plus chagrins,

La flûte en main, l'âme légère,
Je te rends grâce, ô roi des vins !

Les autres vins sont faits pour boire,
Et devant la soif sont égaux,
— Cela dit, sans nuire à la gloire
Des Chambertins et des Margaux ; —
Mais, en toi seul, se désaltère
L'aimable soif des esprits fins.

La flûte en main, etc.

Vin, je le sais, que calomnie
Le lyrisme des buveurs d'eau,
En emprisonnant ton génie
Dans l'air grivois cher au Caveau,
Mais qu'eût fêté, comme un compère,
L'Horace des beaux jours latins.

La flûte en main, etc.

Vin auquel la raison fait fête
Dans les chansons de Béranger
Et qu'évoquait le vieux poète,
Sans avoir peur de déroger,
En mêlant à l'ode sévère
Quelques traits piquants et badins.

La flûte en main, etc.

Vin dont la fantaisie inspire
la blonde muse de Musset,
Muse du rêve à la Shakspeare,
Mais d'un esprit français si net,
Qui brave, du haut de son verre,
La critique des philistins.

La flûte en main, etc.

N'est-ce pas toi, naguère encore,
O vin galant, ô vin gaulois,
Qui dans ta mousse fis éclore
Ces aimables contes Rémois,

Dont Chevigné fut le trouvère,
A l'effroi des faux puritains.

La flûte en main, etc.

Pour lors, arrière esprits moroses,
Fils de la Sprée aux bords brumeux,
Ennemis du vin et des roses,
Buveurs de bière ténébreux
Qui, du fond d'une chope amère,
Frappez le Moët de vos dédains.

La flûte en main, etc.

Oui, sans doute, ici-bas, tout passe,
La fleur, la femme et le raisin,
A murmuré, lui-même, Horace,.
Philosophant sur le destin ;
Mais avant que d'aller en terre
Méditer Kant aux spectres vains,

La flûte en main, etc,

Honni, d'ailleurs ! celui qu'offense
Mon couplet libre et sans façon,
Car c'est l'esprit des vins de France
Qui carillonne en ma chanson,
Et dont le fredon part en guerre
Contre les sophistes voisins.

La flûte en main, etc.

Mais assez de gai badinage,
— Vin patriote auquel je bois,
Car je croirais te faire outrage,
Ainsi qu'à l'honneur champenois,
Si j'oubliais, en fin dernière,
Ton noble appel aux cœurs chauvins :

La coupe haute, et l'âme fière,
Je te salue, ô roi des vins !...

Numa D'ANGÉLY.

CHANSON SUR LE VIN DE CHAMPAGNE

NEUVIÈME MENTION TRÈS HONORABLE EX-ÆQUO.

> Avec moi, venez boire et rire ;
> Plus on est de fous plus on rit.

REFRAIN :

Versons le Champagne à la ronde,
Qu'il inspire nos gais propos ;
Nous serons les maîtres du monde,
En nous abreuvant de ses flots.

I.

Gais convives, tendez vos verres ;
Que ce bon vin coule à plein bord,
Que peut-on désirer sur terre,
Qu'il n'apporte dans ses flots d'or ?

II.

Voulez-vous, destin magnifique,
Tout à coup vous trouver pacha,
Président de la République,
Pape, grand turc, ou même shah,
  Versons, etc.

7

III.

Voulez-vous, assoiffés de gloire,
Conquérir la tour de Babel,
Où, plus surprenante victoire,
Prendre d'assaut la tour Eiffel,

    Versons, etc.

IV.

Voulez-vous fortune si fière,
Qu'auprès d'elle, Crésus jaloux,
Se dérobe à Lariboisière,
Et le pactole dans l'égout,

    Versons, etc.

V.

Mais souvent fortune est trompeuse :
Voulez-vous ce soir, au logis,
Trouver, dans l'épouse quinteuse,
La plus charmante des houris,

    Versons, etc.

VI.

Champagne, beau pays de France,
Vivent tes coteaux précieux,
Que ton ciel, corne d'abondance,
Verse ton vin délicieux.

    Versons, etc.

                Mᵐᵉ VILLOTTE.

CHANSON SUR LE VIN DE CHAMPAGNE

NEUVIÈME MENTION TRÈS HONORABLE EX-ÆQUO.

> Buvons à plein gosier
> Et chantons à plein verre.

I.

Je suis le favori Champagne,
Le roi des vins, dieu des banquets ;
L'automne a doré ma campagne
Où je pendais en gros bouquets.
Qu'on soit marquis, duc, ou grand prince,
Je suis leur nectar souverain,
Et tous de Paris en province
Vont proclamant mon jus divin.

REFRAIN :

Sur les lèvres de ta compagne
En perles, je veux me poser,
Je suis le pétillant Champagne
Oh ! viens m'y cueillir d'un baiser !

II.

En riant je quitte sans cesse
Dame bouteille ma prison,
Et dans la crainte qui m'oppresse
Je m'envole jusqu'au plafond.
Ah ! c'est alors quand je moutonne
Avec un froufrou cristallin
Que notre gai buveur entonne
Mon petit amoureux refrain.　　　　　　*(Refrain.)*

III.

Je suis la liqueur sans pareille :
L'or brille dans mon flot vermeil,
Et je contiens dans ma bouteille
Tous les chauds rayons du soleil.
Je grossis, je monte et j'écume
En pétillant comme un brasier
Et remplis la coupe qui fume
Où l'amour vient s'extasier.　　　　　　*(Refrain.)*

IV.

Les zéphyrs secouant leurs ailes
De leurs parfums m'ont enivré.
Voilà pourquoi, pourquoi les belles
Viennent me prendre à cœur-livré.
Sein nu, la vendangeuse forte
En cueillant me mit ses langueurs ;
Voilà pourquoi, pourquoi j'apporte
L'espérance et la joie aux cœurs.　　　　*(Refrain.)*

V.

Oui, je suis l'âme de la fête,
Le léger enfant du plaisir.
En frémissant je vous répète
Toujours quelque amoureux désir.
Mon bruit vous plaît quand je bouillonne
En floconnant sur le cristal,
C'est alors que je carillonne
Aux vierges le moment fatal.   (*Refrain.*)

VI.

Sur la lèvre que je pimente,
Des amours sonnant l'hallali,
Je vais au cœur qui se lamente
Porter le remède d'oubli.
Oui les soupçons, oui les tristesses
Partent au bruit de mon flacon.
Buvez, amants ! buvez, maîtresses !
En répétant tous ma chanson.   (*Refrain.*)

JOSEPH MACABIES.

LE ROI DES VINS

DIXIÈME MENTION TRÈS HONORABLE.

CHANSON BACHIQUE

Mon verre n'est pas grand, mais je bois dans mon verre.

I.

Fais sauter le Champagne, ô séduisante Rose !
    Allons, débouche avec ardeur.
Les rideaux sont tirés et la fenêtre est close...
    Déjà j'entrevois le bonheur.
Le Champagne, vois-tu, c'est la douce ambroisie
    Qui jette en nous ses feux divins ;
Dans ses flots enchantés naquit la poésie :
    Le Champagne est le roi des vins.

REFRAIN :

Verse, verse, mignonne, et fêtons le Champagne,
    Nectar délicieux
    Qui nous ouvre les cieux !
Son ivresse bâtit des châteaux en Espagne...
    Verse, verse toujours ;
    C'est le vin des amours !

II.

Dans le miroir mouvant de son onde limpide
De tes beaux cheveux je vois l'or,
Et sa pure étincelle, à ton regard splendide,
Donne un éclat plus vif encor.
Sa blanche mousse enfin me rappelle, ô mon ange !
La neige de tes seins naissants...
Et son parfum suave, aussi puissant qu'étrange,
Porte le trouble dans mes sens...

(Refrain.)

III.

Enfant, il est minuit ; c'est l'heure du mystère,
L'heure des plus tendres soupirs...
Profitons des instants, la vie est éphémère :
Vidons la coupe des plaisirs...
Qu'elle est belle, ta lèvre humide de Champagne !
Je veux y boire et m'y griser...
Ah ! viens, viens dans mes bras... le délire me gagne...
Je veux mourir dans un baiser !

(Refrain.)

E. D'ARRAS.

OPINIONS DE CONTEMPORAINS REMARQUABLES

DANS LES LETTRES ET DANS LES ARTS

SUR LE VIN DE CHAMPAGNE

OPINIONS

DE CONTEMPORAINS REMARQUABLES

DANS LES LETTRES ET DANS LES ARTS

SUR LE VIN DE CHAMPAGNE

Le Champagne ! ils n'en ont pas en Angleterre ! c'est le vin le plus lyrique que jamais vigneron de Cocagne ait vendangé ; il scintille et pétille comme l'esprit français. Il est le Vin-Muse et le Vin-Poème et il peut se passer des dithyrambes, car il se chante lui-même en strophes incomparablement ailées, qui ravissent nos mornes cerveaux fin-de-siècle jusqu'au septième ciel des rêveries vaporeuses et des ivresses légères... Mais, diable de diable ! le lendemain mal aux cheveux et gueule-de-bois !

JACQUES NARGAUD,

(du *National*).

Comme l'on cachette une lettre terminée avec de la cire à cacheter, ainsi toute fête dans le monde entier, elle n'est solennelle que si au dessert l'écume du Champagne pétille, en élevant la vapeur, comme l'encens qui s'en va au ciel.

Elle met l'harmonie entre les diplomates, l'accord entre les fiancés, l'unisson dans les familles, la gaieté dans les esprits.

Les modes, hélas ! changent souvent, seul le Champagne reste pour fêter l'humanité, et il peut dire, ce vin délicieux : je fus, je suis et je serai jusqu'à la fin du monde.

Ferraris FRANCISCO.

RONDEAU.

Le Champagne est en ces temps décadents
Pour la clique des vieux clubmen ardents
Qui fréquentent Hill's et les lieux nocturnes :
C'est là qu'on le renverse à pleines urnes,
A pleine gueule aux rastas évidents.
C'est aussi boisson pour indépendants
Qui ne chaussent point les anciens cothurnes
Et souvent gris se font mettre dedans,
> Le Champagne !

Il est le premier des vins déridants,
Mais on en boit peu dans le fond des turnes

Où s'écoulent les jours rien taciturnes
Des pauvres pouilleux qu'ont la mort aux dents
Et pour seul plaisir se font un lit dans
Un Champ-Pagne !

Camille LEMONNIEZ.

Paris, le 19 mai 1890.

Paris, ce 23 Mars 1890.

Monsieur et cher Confrère,

Excusez-moi si je ne vous ai pas répondu plus tôt ; mais j'ai été, et suis encore un peu souffrant.

Je ne fais ni vers, ni chansons ; je me contente d'écrire de petites histoires pour amuser les bonnes gens. Je ne veux pourtant pas laisser passer cette occasion de glorifier, dans son pays originaire, ce vin délicieux, qui convient aussi bien aux vieillards qu'aux jeunes gens. Le Champagne est le vin le plus français de tous ces vins admirables que produit notre sol béni ; cela rit, cela chante en nous-même ; cela donne le courage de vivre et parfois de souffrir ; cela rend bon et joyeux ; cela communique au monde entier quelque chose de la cordialité et de la gaîté françaises.

Voilà, Monsieur et cher Confrère, mon opinion sur ce qui fait l'objet de votre concours, et j'applaudirai le premier à la pièce de vers que vous couronnerez. C'est comme une statue que vous allez élever à une des gloires de notre pays, et, cette fois, il n'y aura pas de protestations, ainsi qu'il arrive souvent pour certaines statues.

Agréez, personnellement, Monsieur et cher Confrère, l'expression de mes meilleurs sentiments, et celle de ma bonne confraternité.

Elie BERTHET,
Un des fondateurs de la Société des Gens de Lettres.

COMMENT IL FAUT BOIRE LE VIN DE CHAMPAGNE.

Tous les écrivains ont exprimé leur opinion sur le vin de Champagne. Poètes et prosateurs se sont plu à célébrer ses mérites. Les uns ont évoqué, au seul nom de ce vin, l'apparition de flacons d'où s'échappe avec fracas l'écume pétillante, « la mousse, » pour l'appeler par son nom ; les autres ont tressé des couronnes au moine bénédictin Dom Pérignon, l'immortel inventeur du Champagne mousseux.

Il ne reste donc plus que peu de chose à glaner. C'est pourquoi, nous plaçant à un autre point de vue, nous montrerons aux débutants comment et quand il faut boire le vin de Champagne, grave question qui a bien aussi son importance.

Comment faut-il boire le vin de Champagne ? A notre avis, pour que les bienfaits de son absorption soient complets, il faut tout d'abord que le vin, en général, soit présenté de telle façon qu'il plaise à l'œil et au palais, car cette première et heureuse manifestation du sens exerce, comme l'on sait, une influence considérable sur le reste de notre organisme.

Pour qu'il en soit ainsi, il faut scrupuleusement observer le degré de température que réclament le genre et la qualité des vins, pour le développement normal de leur goût et de leur bouquet, et faire ensuite un choix judicieux des verres dans lesquels ils doivent être servis.

Ainsi, tandis que les vins rouges, bordeaux, bourgogne, etc., doivent être en rapport avec la température de la salle à manger ; tandis que pour les vieux vins blancs, dorés ou sucrés, la température d'une cave fraîche est absolument de rigueur, seul, le Champagne peut être *frappé*, mais d'une façon convenable. C'est un grand tort de le frapper avec du sel ou du salpêtre ; trop glacé, il coupe l'appétit et devient nuisible à la santé.

Pour obvier à cet inconvénient, il suffit de mettre le Champagne trois ou quatre heures *dans de la glace* et le servir ainsi, directement de la bouteille dans le verre.

On ne saurait trop s'élever, à ce propos, contre la déplorable coutume qui consiste à le transvaser dans des carafes frappées. D'abord ce n'est plus boire du Champagne, mais de l'eau au Champagne ; ensuite, le vin présenté ainsi est toujours trop chaud ou trop froid, car on ne peut pas en régler la température.

Ajoutons aussi qu'en tout temps, on doit s'abstenir d'employer de la glace brute dans le vin de Champagne, attendu que la glace affadit le vin, en détruit le bouquet et que ce mélange, s'il satisfait momentanément le palais, par le sentiment de fraîcheur qu'il procure, rend ensuite la digestion fort laborieuse.

De quels verres faut-il se servir ? Aujourd'hui, grâce aux progrès de la verrerie moderne, nous avons la faculté de boire chaque vin dans le verre qui lui convient. Pour ce qui concerne le Champagne, trois formes de verres se font concurrence : les flûtes, les coupes et les gobelets. Pour ne point faire de jaloux, nous donnerons la préférence au verre rond, de mousseline.

Mais tous ces verres à Champagne ont un grand défaut, à notre avis, c'est leur pied ; en voici la raison : le Champagne demande à être bu d'un trait, aussitôt versé, et c'est ce que font très peu de personnes.

Donc, nous demandons à boire le Champagne dans un verre sans pied, ayant la forme d'une corne d'abondance, à la manière des vases à boire antiques, ou d'un lis, si vous voulez. Cela étant, force sera de le vider, faute de ne pouvoir le poser sur la table ; de la sorte, on boira le vin frais, les lèvres tremperont dans la mousse pétillante.

Quand faut-il boire le vin de Champagne ? Surtout en mangeant, bien entendu. Au milieu du dîner, depuis la pièce de relevé jusqu'au rôti, l'usage des grands vins de Bordeaux est recommandé. Les vins blancs de la Gironde et de la Moselle conviennent, entre tous, pour accompagner le poisson ; ceux de la Bourgogne en mangeant les huîtres, tandis que les vins rouges de cette dernière contrée doivent être servis de préférence avec le gibier. Buvez un verre de Steinberg ou de Johannisberg avec le pâté de foie gras, et vous nous en direz des nouvelles.

Quant au Champagne, *il se boit avec tout*. A un grand dîner, servez-le pendant tout le repas, en commençant avec la grosse pièce de viande. Vos convives, et surtout les dames, ne s'en plaindront pas, soyez-en convaincu. Il doit être doux pour les dames et sec pour les hommes, mais pas trop mousseux ni dans aucun cas ni dans un autre. Le Champagne accompagne agréablement aussi les huîtres et le poisson dans un déjeuner bien ordonné. Mais il faut s'abstenir d'en servir avec les entremets sucrés, car il devient indigeste.

En voyage, il faut être très circonspect, si l'on ne connaît point la cave de l'hôtel où l'on loge ; pour s'éviter tout désagrément, il convient de s'en tenir au Champagne d'une maison connue.

A la chasse, quand il fait chaud, un vin bourgeois de trois ans de bouteille est un excellent compagnon ; mais en hiver, dans les bois, rien ne remplace une bon verre de Champagne pris à propos.

Sur ce, chers lecteurs et aimables lectrices, je prie Dieu qu'il vous réserve, à l'occasion, non pas comme on dit, une poire pour la soif, mais un excellent verre de Champagne d'Ay, de Sillery, d'Epernay ou d'Avize, à condition toutefois que ce verre soit *sans pied*, comme le comprend votre serviteur.

Spire BLONDEL.

La gaîté qui vient du Champagne est pareille à sa mousse, légère et fugitive, comme tout ce qui monte au cerveau ; celle qui vient du Bourgogne est pareille à son fumet, pénétrante et durable, comme tout ce qui réchauffe le cœur.

4 Mars 1890.

Frédéric BATAILLE.

AIR DE FLUTE.

Quand le premier bouchon de Champagne a sauté
D'un Maître nous portons ici la santé :
Vive ce vin, ce joli vin de France
Qui jette par dessus les moulins
Son bonnet d'argent, et dispense
De l'esprit aux moins malins !
Vive ce vin qui chante,
Qui jase et qui rit,
Et qui guérit
La méchante
Humeur !
Cœur
En larmes,
Bannis tes
Alarmes :
Les
Cyprès
Se font roses
Et toutes choses
Prennent des airs gais
Avec ce vin français.
De tous les vins c'est le Maître !
Gloire au Seigneur qui l'a fait naître !

Oscar de POLI.

Dîner du *Mercure de France*, 15 juillet 1862.

8

EN MÉNAGE.

Moi, fils du Périgord, je dois
Saluer la Truffe, ma reine,
Fille de la Terre et du Chêne ;
Et, pour la saluer, je bois !

Or je bois du Royal-Champagne,
Quand maintes détonations
Ont averti les nations
Que ce Monarque entre en campagne.

Monte en coupe, ô messager blond !
Nous te réservons la fortune
De rejoindre la Truffe brune
Dans l'œsophagique vallon.

O Dieu ruisselant de liesses,
Chante, piaffe, déborde, sois
Le plus ensoleillé des rois
Pour la plus noire des déesses.

Robe de nuit, et flamme d'or !
Consommez — c'est terme d'usage —
Sur la mousse, le mariage
De Champagne et de Périgord.

EMILE GOUDEAU,
1, rue Juliette-Lamber, Paris.

LE VIN DE CHAMPAGNE.

L'étranger le savoure et l'envie à la France !
Il grise les heureux ; il calme la souffrance ;
Pour fêter des amis il pétille toujours.
Le vieillard rajeunit en regardant son verre
Plein du breuvage exquis, et la vertu sévère,
Après l'avoir goûté, comprend mieux les Amours.

Il donne de l'esprit aux fillettes candides,
Et rend audacieux les éphèbes timides.
Il console, il guérit, car c'est un enchanteur
Qui met l'éclair aux yeux, qui chasse l'humeur noire,
Réveille les chansons au fond de la mémoire
Et pare l'avenir d'un doux charme menteur !

Teinté d'ambre ou de rose, il appelle le rire
Clair et franc. Chacun jase, écartant la satire,
Le cœur épanoui, quand on le voit mousser.
A la ronde, vidons le fin cristal sonore ;
Oublieux aujourd'hui du souci qui dévore,
Par l'espoir enivrant laissons-nous caresser !

Alexandre PIEDAGNEL.

Parmi les boissons différentes dont s'abreuve l'humanité, le vin de Champagne et la bière forment une véritable antithèse. Si l'on verse le premier dans sa coupe jusqu'à l'enivrement, l'ivresse reste élégante et gaie, pétillante comme le vin qui l'a produite. La lourde bière endort le cerveau, laisse dominer l'instinct, conduit à la bestialité.

Le vin clair et mousseux de la Champagne caractérise l'esprit national, lucide et vif, pénétrant, intuitif. L'étrange saveur de l'*ale* et du *porter* donne bien l'idée de la nature britannique, morose, excentrique, méchante parfois jusque dans l'*humour*. Les bières blondes de Germanie sont fades comme la sentimentalité allemande, et le peuple qui les boit ne peut s'affranchir du pédantisme, du prosaïsme, du sot orgueil inhérents à la race.

Baronne STAFFE,
(du *Parti national*).

A Monsieur Armand BOURGEOIS,

Vous me demandez mon opinion sur le vin de Champagne ; mais sa réputation n'est plus à faire, chacun sait que c'est le vin le plus original et le plus spirituel du monde. Chaque province vante sa boisson, qui prend le goût du terroir, comme les habitants ont l'accent du pays. La Normandie est fière de son cidre, qui a l'esprit processif et manque rarement de faire un procès à l'estomac, qu'il gonfle et fait souffrir. Du reste, le cidre ne vient-il pas de la pomme, qui causa le premier procès que le Créateur fit à la terre et fut le motif de la condamnation d'Adam et d'Eve.

La Hollande, l'Angleterre, l'Allemagne, ont donné la mode des bocks, et savourent cette sorte de tisane amère qui s'appelle bière, et qui semble filtrer dans l'esprit des buveurs pour le rendre épais et lourd.

Mais la Champagne tend sa coupe et la remplit d'un vin vif, alerte, qui part de la bouteille comme un feu d'artifice et met des étincelles dans la tête. On dirait que chaque grain du raisin champenois est un joli petit grain de folie. Mais ce qui fait sa gloire et ce qui est son chef-d'œuvre, à ce vin fantaisiste, c'est sa mousse, qui s'éparpille en parcelles d'argent : cet argent-là ne se se met pas dans la bourse, mais c'est une monnaie d'esprit, qui remplit le cerveau.

C'est donc au vin de Champagne que nous donnons, nous ne dirons pas la pomme, le cidre la réclamerait comme lui appartenant essentiellement, mais nous lui décernons la palme. Certes les vins de Bordeaux et de Bourgogne ont des qualités sérieuses ; ils donnent de la force et sont, à l'occasion, d'excellents médecins ; mais le vin de Champagne est un artiste ; il est brillant, il est poétique, il fait plus de tapage que les autres, ne fût-ce que lorsque son bouchon saute au plafond, enfin il fait la gloire de la Champagne, dont les lauriers sont des grains de raisin.

Anaïs SÉGALAS.

Mon opinion sur le vin de Champagne est celle que j'ai sur tout ce qui nous procure les plaisirs les plus vifs — quoique fugitifs. — Tout en l'adorant, je dois m'en priver. La vie n'est qu'une privation perpétuelle.

L. D'ALQ,
Officier d'Académie,
Directrice des Causeries familières.

Lundi gras.

Vous me demandez ce que je pense du Champagne mousseux ? Je pense que je n'en bois pas assez souvent !

Votre,

Jean RAMEAU,
13, rue de l'Arc-de-Triomphe.

Il vino di Sciampagna è d'ogni età :
Piace a' vecchi e a' bambini ;
Ne' giovani se qualche incendio fa,
Si mostra il re dei vini.
Se talor, più che re, divien tiranno,
Chi vittima ne fu gridi a suo danno.

Quaggiù fragili sono d'amistà,
D'amore le catene.
Se chi più liba meno sentirà
Del vivere le pene,
Di Sciampagna nel vin eterno oblio
Ritroverà chi Bacco crede un dio !

TRADUCTION *AD LITTERAM*.

Le vin de Champagne est de tous les âges :
Il plaît aux vieux et aux enfants.
S'il fait naître quelque incendie dans les jeunes gens,
Il reste toujours le roi des vins.
Si quelquefois, de roi qu'il est, il devient un tyran,
Celui qui en est victime n'a qu'à crier à ses propres dépens.

Les chaînes de l'amour et de l'amitié
Ne sont pas éternelles sur terre.
Si celui qui boit le plus sentira moins
Les chagrins de la vie,
Celui qui croit Bacchus un dieu
Retrouvera l'oubli dans le vin de Champagne !

Duc Charles CARAFA DE ÑOJA.

FIN D'UN TOAST AUX VENEURS.

. . . .

En attendant, Messieurs, suivant l'usage ancien,
Haut les verres ! Guillaume a pu briser le sien,
Sans rancune et sans fiel nous choquerons les nôtres :
La soif des uns résiste à la haine des autres.
O Champagne, en brisant sa coupe insolemment,
L'Empereur de la bière a fait un dur serment.
Tu pourrais, noble vin, fils des grappes choisies,
Noyer dans ton flot d'or toutes ses jalousies,
Faire vibrer sa lèvre, et les cordes d'airain
De son palais, gâté par les boissons du Rhin.

Hé ! qu'il garde après tout sa rancune et sa fièvre.
Que jamais notre vin n'approche de sa lèvre.
Si l'homme reniait ce que l'enfant a dit,
Dérobe-toi, Champagne, à la soif du maudit.
Fuis la bouche qui jure et les langues indignes
De savourer en paix la sève de nos vignes.
Pour nous, gens d'Outre-Rhin dont on parle en tremblant,
Nous l'avons déjà bu, votre petit vin blanc ;
Il est bon. Pris là-bas, il est meilleur encore !
Il est, dans vos forêts, plus d'un écho sonore.
Nous les réveillerons, s'il plaît à Dieu ! Je bois
Aux coteaux allemands, aux dix-cors, aux grands bois,
Et, le Champagne au poing, ô veneurs, je veux boire
A nos chasses d'enfer en pleine Forêt-Noire.

PAUL HAREL.

CHAMPAGNE FRANÇAIS.

L'Anglais boit du vin authentique
Pour soigner son *spleen* décevant ;
De mousseux *Moët* il se pique
De s'enivrer pour son argent.

Le Russe veut notre Champagne,
Pour complément de tout festin ;
Il fait des châteaux en Espagne,
Sans réfléchir au lendemain.

Oh ! l'on boit sec en Amérique ;
Si le Champagne y a son prix :
Crions : Vive la République
Où le roi *Dollar* est l'esprit !

L'ami Crispi, puis son monarque
Voudraient bien boire, sans payer,
Le Champagne de grande marque
Que leur peuple ne peut solder.

Mais les *houris* feront risette,
Malgré les lois de Mahomet,
Au Musulman qui fera nette
La bouteille d'un vrai *Moët*.

Turcs ou Persans, Russes, Anglais,
Je vous le dis, en vérité,
Là-bas, le Champagne français
Vous apportera la gaîté.

Vous y trouverez, sur commande,
Un plaisir vraiment recherché ;
La contrefaçon allemande,
Pour vous serait triste marché.

L'Allemagne, dans la bouteille
D'un affreux *Cliquot* frelaté,
Offrirait en vain la merveille
De l'esprit français tant vanté.

GASTON D'HAILLY.

Le vin de Champagne doit être mousseux s'il veut être du vin de Champagne.

J'exige qu'il soit d'abord de la mousse, — de la très belle mousse longuement pétillante, — puis du très bon vin, donnant après la sensation du froid celle d'une chaleur grandissante.

La mousse avant le vin, c'est le rêve avant l'exécution ; l'enthousiasme avant la bataille ; le regard avant le baiser.

CHARLES CHINCHOLLE,

Vice-Président du Jury du Concours poétique sur le Vin de Champagne en 1884.

13 Mars 1890.

Lorsque, dans un dîner, à l'étranger, le bouchon de Champagne saute, l'esprit français répond au joyeux appel ; il pétille comme notre doux vin national.

JULIETTE ADAM.

Il faudrait avoir l'esprit très sémillant pour fêter dignement le Champagne, le plus pétillant des vins ; moi, je ne suis qu'un rustique et mon esprit de ruminant paraîtrait bien lourd à chanter des qualités qu'il apprécie trop bien pour ne pas craindre de les mal exprimer.

Jules BRETON,
Membre de l'Institut.

Le vin de Champagne : Quelque chose qui fait encore plus de bruit sur la terre que M. Emile Zola !

MARDOCHE.

Paris, le 31 Mars 1890.

Mon cher Confrère,

Vous me demandez ce que je pense du vin de Champagne. Je pense deux choses : d'abord qu'il est excellent ; ensuite, que j'en suis jaloux.

Je suis propriétaire, dans le Gard, de vignes ruinées par le phylloxéra depuis quinze ans ; je les ai reconstituées par les plants américains. Mais je vends mon vin qui est très bon, 18 fr. l'hectolitre en moyenne, 18 centimes le litre, et vous vendez le vin de Champagne 5 fr. la bouteille. Donc, comme poète, j'aime le Champagne, mais j'en suis très jaloux, comme viticulteur.

Il ne faut pas m'en vouloir, et vous n'en voudrez pas à votre dévoué et affectionné confrère.

Henri DE BORNIER.

Paris, 17 Mars 1890.

Ma foi, non, mon cher confrère, je n'ai rien de typique, de vigoureux et d'imagé à vous dire sur le vin de Champagne. Mon opinion toute bourgeoise est que c'est un vin fort agréable, que j'aime à boire, mais que je redoute un peu.

Cordialement.

EMILE ZOLA.

Mercredi 26 Mars 1890.

MONSIEUR ET CHER CONFRÈRE,

Je ne puis en toute sincérité, avoir d'opinion sur le vin de Champagne mousseux, n'en ayant jamais goûté de vrai, j'entends du vin fait en pur jus de raisin, sans aucune addition de quoi que ce soit. Y en a-t-il ? Quant à ce qu'on appelle *Champagne*, je le trouve bon ou mauvais selon les gens avec qui j'en bois.

Agréez, je vous prie, Monsieur et cher Confrère, l'assurance de mes dévoués sentiments.

JEAN RICHEPIN.

Il fait glou, glou, sortant de la bouteille,
Il fait pan, pan, à la porte du cœur,
Et la beauté, qu'elle soit jeune ou vieille,
Reçoit l'amant, pardonne son ardeur.

GYP.

Paris, 15 Mai 1890.

Champagne, œuvre des dieux, des anciens et modernes,
Car le Christ et Bacchus ont bu la même coupe,
Ta mousse se répand en thessaliques flots.
On boit le verre entier, — on vide la soucoupe.

Camille DOUCET,

Secrétaire perpétuel de l'Académie française

26 Mai 1890.

Je me répandrais en dithyrambes sur le vin de Champagne, si les médecins ne m'en avaient formellement interdit l'usage. Il faut savoir oublier les relations qu'on est obligé de rompre !... Je l'aime toujours ; mais lui ne m'aime plus !... *che schiagura !*...

Jules BARBIER.

26 Mai 1890.

Mon opinion sur le vin de Champagne ? La voici : Pour moi c'est la gaieté en bouteille ; le vin de Champagne donne un moment de l'esprit à ceux qui n'en ont pas et en ajoute à ceux qui en ont. Il est de toutes les fêtes ; on le chante sur tous les tons, on le boit le sourire aux lèvres, car avec lui les ennuis, les chagrins de la vie disparaissent sous son pétillement d'or !

U. BRISPOT,

Artiste peintre.

17 Mai 1890.

Vous demandez à un Bordelais, son opinion sur le vin de Champagne ?

Sandis ! C'est un peu comme si vous demandiez à un homme marié, ce qu'il pense de sa..... maîtresse (hum).

Certes, j'aime de toute mon âme la grappe bordelaise, mais je lui suis parfois infidèle et... faut-il l'avouer ?... j'aime à la tromper en cabinet particulier avec la blonde tisane champenoise.

Quand au dessert sa coiffe dorée saute par-dessus les moulins, — quand sa liqueur mousseuse s'échappe du flacon, — quand ma lèvre s'y trempe amoureusement ! je sens renaître en moi la gaieté et je me crois de force à griser le monde entier de mes plus joyeux refrains.

Je signe cette profession de foi du nom de ma chanson préférée.

PAULUS-CHAMPAGNE.

7 avril 1890.

Le Champagne mousseux à coup sûr est poète ;
La preuve ? dites-vous : il fait tourner la tête.
La mousse écume au bord, la douceur est au fond :
Ainsi l'esprit pétille au bord d'un cœur profond.

Et sur ce, cordiale poignée de main.

M. MAUGERET.

Saint-Cloud, 8 juin 1890.

MONSIEUR,

Je ne puis pas vous donner mon opinion sur le vin de Champagne. Elle serait suspecte pour deux raisons ; la première, c'est que, ne buvant plus de vin depuis longtemps, je ne puis plus avoir de préférence ; et la seconde, c'est qu'ayant été député de la Marne, il ne m'est pas permis de ne pas mettre le vin de Champagne au-dessus de tous les autres.

Je me borne à vous dire que, si la faculté de boire du vin m'était rendue, je voudrais que ce fût en faveur du vin de Champagne.

J'ai pourtant un grief contre lui, un seul, mais il est gros. C'est qu'il est coupable, ou tout au moins responsable chaque année de plusieurs millions de toasts, dont la moitié sont ennuyeux.

Je vous prie, Monsieur, d'agréer toutes mes civilités.

JULES SIMON.

Pris de loin en loin, et à petite dose, il peut parfois faire un homme d'esprit d'un imbécile ; mais pris fréquemment et à trop forte dose, il fait fatalement un imbécile d'un homme d'esprit.

E. VERCONSIN.

Quand je vous aurai donné mon opinion sur le Champagne, il n'y aura même pas un buveur de plus, car depuis mon enfance j'ai toujours accordé la préférence à ce vin, sur tous les autres.

Digestif et gai, par conséquent salutaire et précieux, il est le grand moteur des jovialités de la table. En outre, c'est le vin de l'amour, dont le pétillement fait monter le cœur aux lèvres et la tendresse au cerveau ; sous son excitante action la nature humaine vibre altérée de voluptés douces que décèle la lumineuse langueur des regards humides et profonds.

Je me résume : le roi des vins.

Léopold STAPLEAUX.

10 juin 1890.

MÉTAMORPHOSE.

Comment faire fuir ce papillon noir
Qui, d'une aile froide effleurant ce soir
Mon front alourdi, me rend si morose ?...
Paf ! le bouchon part ! le Champagne rit
Dans le fin cristal... O métamorphose !
Mon cœur est léger, libre mon esprit :
Le papillon noir est devenu rose !

Ach. MILLIEN.

MON OPINION SUR LE VIN DE CHAMPAGNE.

Ardent et fougueux, comme le soldat français à la bataille ; vif et piquant, comme l'esprit national qui rayonne dans l'univers entier ; suave et doux, pâle et blond, comme la vierge, qui charme ou console ;

plein de malice et de gaieté, comme le rire de l'enfant, joyeux sous
la caresse maternelle ; clair et pétillant, comme la flamme du foyer
dans l'âtre, qui chasse les ennuis des cœurs et vient éclairer les
fronts moroses.

Louis VAULTIER.

OPINIONS RÉTROSPECTIVES

SUR LE VIN DE CHAMPAGNE

TIRÉES DU XVIIIe SIÈCLE

9

OPINIONS RÉTROSPECTIVES

SUR LE VIN DE CHAMPAGNE

TIRÉES DU XVIIIᵉ SIÈCLE.

I

C'est au siècle dernier que le Vin de Champagne a commencé à faire du bruit dans le monde. Il convenait d'ailleurs à ce siècle élégant, coquet, amoureux, rieur, de connaître et fêter ce nouveau venu.

Voulez-vous, *his positis*, que nous fassions ensemble, amis lecteurs, une petite causerie rétrospective.

II

Alors que l'on n'avait pas encore prononcé le mot de *mousseux* pour le vin de notre riche contrée, il était déjà en grande estime du temps de Thibault le chansonnier, ce fameux comte de Champagne qui vivait dans la première moitié du XIIIᵉ siècle, et fut le premier poète français qui entremêla les rimes masculines et féminines.

Voici par exemple deux vers de lui qui doivent aller au cœur d'un
Champenois :

> Champagne est la forme de tout bien
> De blé, de vin, de foin et de litière.

Ne voulant pas m'attarder à ces époques lointaines et désirant au
contraire me rapprocher du temps où le qualificatif de mousseux put
être adopté, je tiens à vous parler pourtant du faible qu'avait le
Béarnais pour les vins d'Ay et d'Epernay.

Je ne sais plus où j'ai lu ce quatrain à son sujet :

> Ce diable à quatre
> A le triple talent
> De boire et de battre,
> Et d'être vert-galant.

Ce que je me rappelle, toutefois, c'est que ces vers font allusion
au temps où Henri IV assiégeait Epernay contre les Ligueurs et
trouvait le moyen, entre deux arquebusades, de faire la cour à la
blonde et charmante présidente Anne du Puy, femme du président de
l'élection d'Epernay.

Cette ravissante personne aimait, dès qu'arrivait la belle saison, à
se retirer dans son vendangeoir de Damery, et c'est là que le roi de
« la poule au pot » venait la trouver.

Voici des vers de l'époque qui sont en faveur de l'excellent goût
qu'avait le Béarnais pour la belle du Puy.

Je cite d'abord ces premiers, qui font allusion au vin d'Ay :

> Notre bon roy, le grand Henry
> En régalloit sa belle hôtesse,
> Quand il couchoit à Damery
> Notre bon roy, le grand Henry.

Ce me sera de plus l'occasion de vous faire remarquer que ce
monarque ne dédaignait pas, tant s'en faut, de prendre titre de sire

d'Ay, car il était possesseur de vignes en ce vignoble privilégié, où l'on montre encore son pressoir.

Autour du portrait bien séduisant de la dame, que le sire d'Ay avait en si forte estime, c'est lui-même qui parle dans les vers suivants :

> Elle est blonde
> Sans seconde,
> Elle a la taille à la main ;
> Sa prunelle étincelle
> Comme l'astre du matin.

> De rosée
> Arrosée,
> La rose a moins de fraicheur ;
> Une hermine
> Est moins fine.
> Le lis a moins de blancheur.

> D'ambroisie
> Bien choisie,
> Dupuis se nourrit à part ;
> Et sa bouche,
> Quand j'y touche,
> Me parfume de nectar.

Vous voyez, par ce que je viens de citer, comme le vin champenois fait dire de jolies choses.

Crainte d'abuser de votre attention, d'un bond je passe du Béarnais à Boileau, au froid Boileau.

Malgré un nom prédestiné, il ne marquait pourtant nul dédain pour le vin de nos contrées, si j'en crois ces deux vers détachés du *Lutrin* :

> Sur quelle vigne à Reims nous avons hypothèque ;
> Vingt muids, rangés chez moi, font ma bibliothèque.

C'est surtout au XVIIIᵉ siècle qu'apparut la grande vogue du Champagne mousseux, dû à la découverte de dom Pérignon, moine de l'abbaye d'Hautvillers.

On sait, d'autre part, que le plus grand impressario du début fut le régent.

Qui nombrera jamais les joyeux festins dont notre vin mousseux fut le prétexte et l'ornement, et les jolies joues féminines qu'il piqua de roses aux soupers du Palais-Royal !

Avant de résumer ma pensée sur le vin de Champagne mousseux, quelques citations de poètes du siècle dernier seront sans doute les bienvenues.

Legrand d'Aussy disait en prophète des poètes à venir :

> Phébus adonc va se désabuser
> De son amour pour la docte fontaine,
> Et connaître que pour bon vers puiser
> Vin champenois vaut mieux qu'eau d'Hippocrène.

Et cette lutte, entre poètes bourguignons et champenois, fut-elle assez célèbre ? C'était à qui bataillerait, soit en latin, soit en français ; mais il serait trop long de vous en entretenir.

Et puis, si je voulais me faire juge entre ces champions, ma prédilection pour le Champagne mousseux pourrait me faire accuser de partialité.

Telle est l'appréciation de Voltaire :

> De ce vin frais l'écume pétillante
> De nos Français est l'image brillante.

Saluons celle-ci, qui est d'un poète sparnacien, Bertin du Rocheret, lieutenant du bailliage de la ville. Elle date de 1735 :

> De ce vin blanc délicieux
> Qui mousse et brille dans le verre,

> Dont les mortels ne boivent guère ;
> Et qu'on ne sert jamais qu'à la table des Dieux
> Ou des grands, pour en parler mieux,
> Qui sont les seuls dieux de la terre.

Panard est certainement l'un des poètes du XVIIIᵉ siècle qui ont le mieux défini le Champagne mousseux et ses effets.

Qu'on en juge :

> C'est alors qu'un joyeux convive,
> Saisissant un flacon scellé,
> Qui de Reims ou d'Aï tient la liqueur captive,
> Fait sauter jusqu'à la solive
> Le liège déficelé ;
> Tout le cercle attentif porte un regard avide
> Sur cet objet qui les ravit ;
> Ils présentent leur verre vide
> Le nectar pétillant aussitôt les remplit.
> On boit, on goûte, on applaudit,
> On redouble et par l'assemblée
> La mousse champenoise à plein verre est sablée.
> De là naissent les ris, les transports éclatants.
> La sève et tout son feu, jusqu'au cerveau montants
> Font naître des débats, des querelles polies
> Qui réveillent l'esprit de tous les assistants.

Je pourrais sans doute donner d'autres citations ; mais, tenant à être de mon temps, je devais accorder une plus large place aux opinions de plus d'un de nos contemporains célèbres, appartenant aux lettres ou aux arts, contemporains à qui j'apporte ici ma plus vive reconnaissance, pour avoir bien voulu répondre à mon appel.

Mais qu'il me soit donné toutefois, avant de terminer ce chapitre, de pousser en faveur du Champagne un cri personnel du cœur, celui d'un Champenois, né et habitant en plein vignoble de Champagne :

Oh ! non, notre vin n'a pas de réputation surfaite, et ses effets demeureront vrais aussi longtemps qu'il y aura des vignes en Champagne.

Jeunes gens et vieillards ne peuvent que les bénir. Chez les uns, il accroît l'élan, la fougue généreuse ; aux autres, il donne pour un instant l'illusion de la jeunesse : un beau rêve, c'est encore quelque chose.

Sans doute, il est d'autres vins exquis dans notre belle France, qui trouvent nos estomacs reconnaissants.

Plus d'une fois nous leur demandons, et avec raison, force et santé.

Mais n'importe, c'est au vin de Champagne que l'on fait le plus fête. La raison en est bien simple, c'est qu'il est l'image même du caractère français ; que chacune de ses gouttes d'or sont de l'esprit et de la gaîté en fusion.

En le buvant, c'est du soleil, c'est du rire, c'est du chant que nous buvons.

Que dis-je ? Aux heures d'amertume et d'abandon, il rend du courage, et quand les souffrances tordent notre corps, il les fait oublier au moins pour quelques instants.

Enfin, quel vin pousse davantage aux sentiments généreux ?

Ce vin de fête bénit les époux au mariage, les enfants au baptême, le vieillard à ses noces d'or.

Il chante le *Te Deum* de la victoire, le jour où la patrie a refoulé ses ennemis.

Il est à lui seul toute une *Marseillaise*.

Il est à lui seul ce cri émotionnant et vibrant de : Vive la France !

LE CHAMPAGNE CHEZ LE RÉGENT

LE CHAMPAGNE CHEZ LE RÉGENT

I.

— Monseigneur, voilà un bien petit comité, venait de dire à Philippe d'Orléans, l'abbé de Chaulieu, parce qu'il ne voyait réunis chez le Régent que la marquise de Parabère, le marquis de la Fare et lui. D'habitude les soupers de Votre Altesse ont plus de convives !

— Ah ! ça, l'abbé, trouvez-vous donc mauvais que j'aie tenu à n'avoir à ma table que le dessus du panier des gens d'esprit et, pourquoi ne l'ajouterai-je pas, des connaisseurs.? Plaignez-vous en outre de ce qu'une reine de beauté va la présider.

— Le cas est donc grave ?

— Oui, car il s'agit de déguster un vin bien extraordinaire, puisqu'il mousse en sortant de la bouteille et qu'une fois dans le cristal il met en mouvement tout un monde de petites bulles, qui semblent autant d'étoiles qui brillent dans ce nouveau firmament.

Ce sont les bons moines d'Hautvillers qui viennent de m'envoyer ce merveilleux produit. L'un d'eux, dom Pérignon, par suite de diverses combinaisons qui m'échappent en ce moment, est arrivé à ces incroyables résultats.

Toujours est-il que, me rangeant du bord de saint Thomas, je veux voir et boire, pour croire. A ces causes, l'abbé, je vous ai convoqué avec votre ami La Fare, pensant que de notre Parlement au petit pied pouvaient sortir de grandes choses.

Je dois vous dire encore que les bons moines, qui ont le goût sûr en matière gastronomique, m'ont conseillé pour notre assemblée de dégustation, de ne manger que des viandes rôties et pas un seul mets sucré.

Bref, tenez compagnie à la marquise, tandis que je vais dépêcher quelques affaires de l'Etat; aussi bien, voilà Dubois qui me réclame.

Si tu as écouté à la porte, maître Dubois...

— Oh ! Monseigneur !

— Ne t'en défends pas si bien, maître coquin. Je suis certain que tu sais de quoi il retourne et que tu enrages d'être de notre joyeux festin...

— Monseigneur, je fais passer les affaires du royaume, avant mes plaisirs...

— Si tu disais que tu as plus souci de tes propres affaires que de celles du royaume, ce serait plus vrai. Quel satané hypocrite tu fais ! Allons ! tes dossiers sont prêts ?

A tout à l'heure, Messieurs.

II.

Rien n'est osé et impatient, comme un poëte, hanté des vers qu'il veut dire.

A peine le Régent eut-il laissé retomber la portière de son cabinet de travail, que La Fare s'approcha de la marquise de Parabère pour lui dire des vers qu'il avait composés à son intention.

Il savait que la maîtresse de Philippe d'Orléans avait les plus jolis pieds du monde et son imagination s'était enflammée à leur sujet. Transportons-nous avec lui dans ce ravissant boudoir où trône l'une des plus jolies femmes qu'ait connues le siècle dernier, et écoutons ces vers qui ne sont pas les moins bons de l'époque, tant s'en faut :

> Le pied commence chez la femme
> Le gracieux et le coquet ;
> C'est un mignon que l'on acclame
> Et qui vous a mutin caquet.

Ces vers n'étaient pas faits pour déplaire à la charmante Parabère et l'on pouvait lire sa satisfaction sur son visage teint de lis et de roses, aurait dit Clément Marot.

D'ailleurs, l'abbé de Chaulieu et La Fare n'ont-ils pas été les pères de ce genre un peu crême fouettée et rosée qu'allaient tant mettre à la mode les peintres Watteau et Boucher.

Ce quatrain était digne de figurer comme légende au bas d'un tableau qu'aurait signé l'un de ces maîtres.

Oui, La Fare était dans ses jours heureux, car lui l'homme aimable par excellence et qui recherchait la société des femmes, s'était gagné tout d'un coup les bonnes grâces de la marquise.

— Et vous, M. de Chaulieu, se prit à dire cette dernière, seriez-

vous en froid avec votre muse, qu'elle ne vous dicte rien en ce
moment ?

— Je pense pourtant, marquise, que le charme de votre présence
devrait suffire à m'inspirer ; mais après La Fare, je ne saurais rien
réciter qui fût digne de vous :

> Auprès du fin La Fare
> C'est vainement qu'on narre.

Il faut bien le dire, les deux amis n'avaient rien à envier à Oreste
et Pylade. Pour tout au monde l'un n'aurait pas voulu déflorer le
succès de l'autre.

III.

— Ouf ! ce chenapan de Dubois m'a tenu plus longtemps que je
n'aurais voulu, s'écriait le Régent qui venait de reparaître. S'il n'était
si coquin, quel ministre habile il serait pour la France ! Maintenant à
demain les affaires sérieuses et à table, Messieurs !

L'abbé, offrez votre bras à la marquise !

— Que nenni, répartit la belle Parabère, c'est M. de La Fare qui va
m'offrir le sien :

> Et, certes, qui mieux que La Fare
> Majestueusement se carre ?

Moi aussi je fais des vers ; ce n'est point si mal, n'est-ce pas,
Monseigneur ?

— Tiens, tiens, se prit à penser l'abbé de Chaulieu, la marquise qui
se venge de ce que je n'y suis pas allé de mon quatrain.

Nos personnages venaient d'entrer dans une splendide salle à
manger où régnait le plus merveilleux goût artistique.

Le style rococo n'était pas encore à l'ordre du jour ; mais cependant la sévérité de l'ameublement Louis XIV était déjà très atténuée. On sait que le Régent était un fin connaisseur.

N'était-il pas doué, d'ailleurs, des plus brillantes qualités ? Il ne lui manquait que de ne pas savoir s'en servir pour le bien de tous.

On venait de se placer à table, une table somptueusement servie et où se reconnaissait toujours le même goût artistique.

Un coffret en bois de rose, avec les plus fines incrustations nacre, or et argent mêlés, était placé devant la marquise. C'était un nouveau cadeau du Régent : un collier de perles à plusieurs rangs superbement monté.

La marquise le sortit avec une joie toute féminine et s'en para séance tenante ; elle en apparut plus rayonnante et plus gracieuse que jamais.

— Nous allons saluer un nouveau roi, Messieurs, dit le Régent : C'est le Champagne, et se tournant vers la marquise : « Voilà sa Reine, voilà celle qui va tenir sa cour. »

Qu'on fasse entrer le Roi !

Le Champagne mousseux se montrait pour la première fois sur la table du Régent.

De savoureuses pièces rôties furent servies à tour de rôle ; il n'y eut qu'un vin, le Champagne.

Pendant dix minutes, on mangea, on but, sans mot dire. C'est que déjà l'on était pénétré de respect pour cette nouvelle Majesté, en attendant qu'on lui apportât tout son cœur.

Une gaîté communicative ne tarda pas à gagner les convives, une auréole de charme et d'esprit à illuminer toutes les têtes.

— Qu'en pensez-vous, Chaulieu ? qu'en pensez-vous, La Fare ? interpella le Régent.

— J'en pense, dit Chaulieu, que ce vin est appelé à révolutionner le monde et qu'il infusera la gaîté française aux peuples les plus taciturnes et les plus froids.

— J'en pense qu'il augmentera les richesses de la France, qu'il ira

jusqu'aux plus lointains climats porter le nom français, agent civili-
sateur par excellence.

— J'en pense, ajouta La Fare, qu'il n'y aura plus de belles fêtes
sans lui et que si griserie il y a, ce sera une griserie intelligente, sans
lourdeur, avec des pointes d'esprit en plus.

— J'en pense, dit à son tour le Régent, que les femmes en paraî-
tront plus belles encore et que ce vin est appelé à devenir un véritable
talisman.

Et les rasades allèrent leur train et le Champagne était désormais
reconnu Roi.

Armand BOURGEOIS.

TABLE DES MATIÈRES

Châlons, typ.-lith. MARTIN frères.

MAISONS RECOMMANDÉES

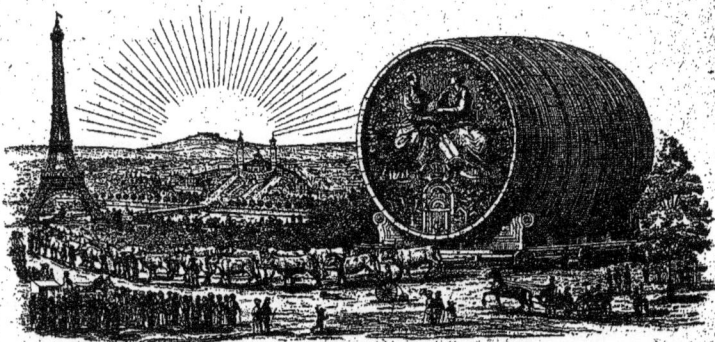
Extrait de l'allocution faite au Banquet de l'Académie Champenoise, le 27 Avril 1890, par M. Armand BOURGEOIS, son Président.

Il me sera bien permis, n'est-ce pas, de compter avec l'amour du clocher, et d'adresser quelques mots bien sentis à une personnalité essentiellement sparnacienne, j'ai nommé M. Eugène Mercier, qui nous a fait l'honneur et l'amabilité de venir au milieu de nous.

Le voir, c'est saluer à nouveau notre admirable Exposition universelle, dont les merveilles nous tiennent encore éblouis.

Et l'une de ces merveilles n'était-elle pas précisément le fameux tonneau que tous vous connaissez ?

Personnellement, je n'ai pas fait que le contempler au palais des produits alimentaires. J'appris un jour qu'il devait passer par Pierry pour regagner Epernay. Je ne résistai pas à aller au-devant de lui, comme on va au-devant d'un souverain. Mais c'est un roi, ce tonneau Mercier, un roi traîné aussi par des bœufs, avec cette seule différence qu'on ne saurait l'appeler un roi fainéant.

Ah ! c'est le travail, au contraire, qu'il représente, c'est le progrès, c'est l'activité prodigieuse, la remarquable intelligence de celui qui l'a suscité.

Je ne le cache pas, en voyant passer cette majesté, j'ai été ému et je n'ai pu m'empêcher de m'écrier du fond de moi : C'est une gloire champenoise qui passe.

AUX BIBLIOPHILES

Un charmant petit volume débordant d'esprit, de jeunesse et de fraîcheur, vient de paraître chez M. Léon VANIER, 19, quai Saint-Michel, à Paris. — Nous ne saurions trop le recommander à nos lecteurs. — L'auteur, signant JAC, vient d'être couronné par l'Académie Champenoise au dernier concours d'Epernay. Cet opuscule ayant pour titre : « **Mes Loisirs** » est de tous les âges. — Les amateurs de bonne poésie y trouveront de délicieuses pensées qui les feront agréablement rêver. L'ouvrage sera envoyé franco contre la somme de **deux francs.**

POUR LES AVEUGLES, S. V. P.

Oh ! vous tous qui suivez gaiement le chemin de la vie, si vous ne sentez pas trop les épines cachées sous chaque rose, arrêtez-vous un instant et pour que le bonheur vous soit fidèle songez à ceux qui souffrent. Pensez à tendre une main secourable aux malheureux qui n'ont jamais vu l'éclat du soleil, ni la splendeur des fleurs, ni le visage des êtres aimés ! Chacun dans votre sphère, patronnez l'œuvre des aveugles et adhérez à l'association Valentin-Haüy dont la cotisation minimum est de un franc par an. Un versement unique de 25 francs dispense de cette cotisation et confère le titre de membre perpétuel.

OUVRAGES DE M. ARMAND BOURGEOIS

Président de l'Académie Champenoise,
Membre de la Société des Gens de Lettres,
ayant obtenu une médaille d'honneur spéciale à la Société Nationale d'Encouragement au bien.

www.ingramcontent.com/pod-product-compliance
Lightning Source LLC
Chambersburg PA
CBHW052359090426
42739CB00011B/2439